Lydia Richter

Die schönsten deutschen Puppen

Lydia Richter

Die schönsten deutschen Puppen

Weltbild Verlag

Layout: Joachim F. und Lydia Richter
Umschlaggestaltung: Zembsch' Werkstatt, München

Druck und Bindung: Brepols N. V., Turnhout
Printed in Belgium
ISBN 3-89350-403-6

Inhalt

Die Welt der Puppen

... scheint fast so alt zu sein wie die Geschichte des Menschen selbst. Bei archäologischen Funden aus frühester Zeit stieß man auch auf Puppen. Ob sie für Spielzwecke gemacht worden waren oder kultische oder fetischistische Bedeutung hatten, läßt sich heute nicht mehr en detail ausmachen.

Wie Brigitte und Ilse Bofinger in ihrem Buch „Puppen aus fünf Kontinenten“ (Battenberg 1992) aber nachweisen, haben in vielen Ländern der Erde Puppen heute noch kultische bis fetischistische Bedeutungen, erbringen Fruchtbarkeit oder schützen und sind dennoch gleichzeitig Spielpuppen, die die Mädchen erst im Alter der Reife oder aus Anlaß der Hochzeit opfern, zerbrechen oder einfach weggeben.

Im Rom der Antike hatten Mädchen ihre Puppen auf den Altären der Götter darzubringen, wenn sie im heiratsfähigen Alter waren.

Damit ist auch eines schon gesagt: die Puppe ist und war – man mag es drehen und wenden, wie man will und auch kleinen Jungen Emanzipation zur Puppe zugestehen! – ein Spielzeug der Mädchen.

An der Puppe übt das Mädchen bereits eine Mutterrolle, die Puppe ist das Objekt liebevoller Zuwendung und – das scheint das wichtigste –, die Puppe ist das Spielmittel zur Lösung von den Eltern. Die Pädagogik hat das ausreichend nachgewiesen.

Die Welt der Puppe ist ein Spiegel der Kunstgeschichte, wenngleich es manchmal schwerfällt, „Puppe“ und „Skulptur“ begrifflich voneinander zu trennen.

Auch die Krippenfiguren sind letztendlich Puppen; im katholisch-kirchlichen Leben bildeten „Puppen“ – Krippen, Engel, Jesuskind, nickende Christusfiguren und segnende Heilige – so etwas wie die „biblia pauporum“, weil an und mit ihnen biblisches Geschehen verdeutlicht wurde.

Wenn der Sammler heute von Puppen spricht, meint er zumeist die Puppen des 19. Jahrhunderts und aus der Zeit von 1900 bis etwa 1950.

Zweifellos war das 19. Jahrhundert die Zeit der Hochblüte einer eigenen Puppenkunst und -kultur, wohl auch Spiegel eines saturierten (Groß)-Bürgertums einerseits und einer Zeit neuer industrieller Fertigkeiten und eines expandierenden Welthandels andererseits. Die Kreationen in Porzellan vor allem begeistern die Sammler von heute – auch das Schönheitsideal, das in Puppengesichtern realisiert und in Puppenbekleidung demonstriert wurde. Die Puppe wurde zum Idealbild des hübschen, niedlichen Kindes, das auch brav und sittsam war.

Die Kunstfertigkeit, die Ateliers, Porzellanhersteller und Ausstatter auf die Puppe verwandten, ist kaum hoch genug einzuschätzen.

Frankreich und Deutschland waren im 19. Jahrhundert die führenden Nationen der Puppenherstellung; von hier deckte sich vor allem auch der amerikanische Markt ein.

Von Deutschland kam dann Anfang des 20. Jahrhunderts die unerhörte Neuerung, Puppen nicht mehr als Schönheitsideale darzustellen, sondern realistischen Kinderköpfen nachzubilden: die Charakterpuppe war geboren! Dann schufen Schildkrötwerke und Käthe Kruse Puppen eigenen Ausdrucks – in Italien war es Lenci –, die die Welt eroberten. Heute ist es Massenware, die die Kinder beglückt; die Geschichte wird erst zeigen, ob auch diese Puppen (wie etwa Barbie – sie ist auf dem Wege dazu ...) eines Tages heißbegehrte Sammelobjekte werden.

Losgelöst von Fetisch- und Kultbedeutung hat das 19. Jahrhundert aber die Rolle der Puppe grundlegend verändert: sie ist das kleine, niedliche und schöne Abbild des Menschen, wie man ihn sich wünschte – Spielobjekt, Salonstück oder Sammlerstück oft von unschätzbarem Wert.

Puppenmama

Puppenwäsche

Puppenwäsche

Deutsche Porzellankopf-Puppen

Alter Fächer · Elfenbein im Stil des Biedermeier mit Blumen handbemalt · um 1875 · 15 cm

J. D. Kestner junior

gemarkt M · Made in Germany · ca. 1895 · Brustblattkopf schräg nach rechts geneigt · sehr feines, hellrosa getöntes Biskuitporzellan · grau-blaue feststehende Glasaugen mit Strahleniris, feingemalte Wimpern und kräftig betonte Augenbrauen · geschlossener Mund mit Betonungslinien · Kinngrübchen · alte Echthaarperücke · alter Lederkörper, Arme aus Composition, 6 Gelenke, Lederkörper 4 Gelenke · Größe 68 cm · nachgeschneidertes Kleid aus altem englischen Leinen mit alter Spitze, altes Kinderhäubchen ·

Armand Marseille

gemarkt 370 AM. 5. DEP made in Germany · ca. 1900 · Brustblattkopf · mittelfeines zartrosa getöntes Biskuitporzellan mit orange-rosa getönten Wangen · dunkelblaue Strahleniris-Schlafaugen, feingemalte Wimpern und sehr plastisch geformte dunkelbraune Augenbrauen · leicht geöffneter Mund mit 4 Zähnchen oben, Betonungsbögen · neue Mohairperücke · Größe 58 cm · alter Stoffkörper mit sehr fein modellierten Porzellanarmen · altes Kleid ·

Armand Marseille

gemarkt 370 AM. 7. DEP · ca. 1900 · Brustblattkopf aus mittelfeinem zartrosa getönten Biskuitporzellan mit rosig gefärbten Wangen · braune Glasschlafaugen · fein gemalte Wimpern mit zart gezeichneten Augenbrauen · leicht geöffneter Mund mit 4 Zähnchen und Betonungslinien · handgeknüpfte Echthaar-perücke, alt, dunkelbraun · Ziegenlederkörper, ergänzte Zelluloidarme · Größe 65 cm · nachgearbeitete Kleidung aus altem Material ·

Phantasiearrangement: «Ballonfahrt»
links: Alt, Beck und Gottschalk
rechts: AM 370

Armand Marseille (rechte Puppe)

gemarkt 370 DEP A.M. · ca. 1900 · Brustblattkopf · feines, hellrosa getöntes Biskuitporzellan · rosige Wangen · graublaue Glasschlafaugen · fein gemalte Wimpern und kräftig modellierte braune Augenbrauen · offener Mund mit 4 Zähnchen oben · alte Echthaarperücke · schön gearbeiteter Ziegenlederkörper, Unterschenkel aus Stoff, schön modellierte Porzellanhände · Größe 48 cm · Kleid aus altem Stoff · Linke Puppe: Alt, Beck & Gottschalk

Simon & Halbig (vermutlich)

ca. 1885 · Brustblattkopf mit modellierter Büste · sehr blasses, feines Biskuitporzellan, Wangen kräftig orangerot getönt · hellblaue Glasschlafaugen mit Strahleniris, zart gemalte Wimpern, kräftig betonte und gefiederte Augenbrauen · geschlossener Mund · alte handgeknüpfte Original-Echthaarperücke · alter Stoffkörper, Arme ergänzt · Größe 62 cm · aus altem Material nachgeschneiderte Kleidung · alte Fotobrosche ·

J. D. Kestner junior

ungemarkt · vermutlich Kestner · ca. 1890 · Brustblattkopf · sehr feines, helles Biskuitporzellan · Wangen kräftig rosa getönt · feststehende Augen mit himmelblauer Strahleniris · fein gemalte Wimpern und gefiederte Augenbrauen · geschlossener Mund · hellblonde Original-Mohairperücke · alter Lederkörper mit schön modellierten Armen und Händen aus Biskuitporzellan · Größe 40 cm · Originalkleidung teilweise mit alter Spitze ergänzt · Rock handgestickt · alte Stiefeletten ·

J. D. Kestner junior

vermutlich Kestner · Gr. Nr. 8 · ca. 1890 · Schulterkopf ·
sehr helles fein getöntes Biskuitporzellan mit kräftig getönten Wangen ·
feststehende dunkelbraune Glasaugen, gefiederte
braune Augenbrauen, Wimpern fein gemalt · geschlossener Mund ·
alte Echthaarperücke, taillierter Ziegenlederkörper
mit sehr schön modellierten Porzellanhänden · Größe 50 cm ·
Kleidung nach altem Schnitt und altem Stoff nachgearbeitet,
Häubchen ebenfalls nachgeschneidert ·

Hersteller unbekannt
(vermutl. Alt, Beck & Gottschalk)

ca. 1885 · Brustblattkopf schräg nach rechts geneigt ·
sehr feines, fast weißes Biskuitporzellan mit roten Apfelbäckchen ·
blaue feststehende Glasaugen · geschlossener Mund
mit Betonungsbögen · alte blonde Mohairperücke · Größe 55 cm ·
Kinngrübchen · aus altem Material geschneidertes Kleid ·

Hersteller unbekannt

wahrscheinlich Kestner · gemarkt 698 H 12 · ca. 1885 · Brustblattkopf mit modellierter Büste aus sehr feinem, zartrosa getöntem Biskuitporzellan mit zartrosa Bäckchen · feststehende dunkelbraune Glasaugen mit sehr fein gemalten Wimpern und Augenbrauen · geschlossener Mund · durchstochene Ohrläppchen · neue kastanienfarbige Echthaarperücke · alter Lederkörper mit Biskuitunterarmen · Größe 67 cm · Kleidung aus altem Material nachgearbeitet ·

Hersteller unbekannt

wahrscheinlich Simon & Halbig, Gräfenhain bei Ohrdruf · ca. 1880 ·
Brustblattkopf mit modellierter Büste aus sehr feinem,
blaßrosa getöntem Biskuitporzellan und zartrosa Wangen · himmelblaue
Glasaugen mit Strahleniris und sehr fein gemalten Wimpern
und Augenbrauen · geschlossener Mund mit roter Mittellinie ·
durchstochene Ohrläppchen · Original-Mohairperücke, hellblond ·
alter Stoffkörper mit Porzellanunterarmen · Größe 40 cm ·
Originalbekleidung ·

Teddybär · genannt «Peter» · 1920 hergestellt. Er wurde kein Verkaufserfolg, da die Kinder sich vor den rollenden Augen und dem schrecklichen Gebiß fürchteten. Größe 32 cm

Heinrich Handwerck
Simon & Halbig

gemarkt Heinrich Handwerck · Simon & Halbig · ca. 1898 · Kurbelkopf · sehr zartes, rosa getöntes Biskuitporzellan, leicht orange getönte Wangen · blaue Glasschlafaugen mit Strahleniris, sehr fein gemalte Wimpern, plastisch modellierte und fein gezeichnete Augenbrauen · leicht geöffneter Mund mit 4 Zähnchen oben, Betonungsbögen · durchstochene Ohrläppchen · alte goldblonde Mohair-Originalperücke · sehr schöner unbespielter Composition-Körper mit 10 Gelenken · gemarkt, Heinrich Handwerck · Größe 47 cm · Originalkleidung ·

Max Handwerck

gemarkt Max Handwerck · ca. 1910 · Kurbelkopf aus feinem, zartrosa getöntem Biskuitporzellan und rosigen Wangen · graublaue Glasschlafaugen mit Strahleniris, Wimpern und Brauen fein gemalt · leicht geöffneter Mund mit 4 Zähnchen oben, Betonungslinien · alte blonde Mohairperücke · Composition-Körper mit 10 Gelenken · Kleidung aus altem handgesticktem Material nachgeschneidert, Größe 65 cm · Hut neu mit alter Straußenfeder ·

Alt, Beck & Gottschalk, Nauendorf, Thüringen

gemarkt AB 1362 Made in Germany 1 1/2 · ca. 1910 ·
feines, rosa getöntes Biskuitporzellan mit rosigen Wangen · Kurbelkopf ·
graublaue Schlaf-Glasaugen, oben Haarwimpern,
sonst fein gemalte Wimpern, schön gefiederte, kräftig gemalte braune
Augenbrauen · leicht geöffneter Mund, 4 Zähnchen oben ·
durchstochene Ohrläppchen · alte Original-Mohairperücke ·
Composition-Körper mit 10 Gelenken · Größe 50 cm ·
Kleid aus altem Material geschneidert ·

Kämmer & Reinhardt

gemarkt K & R 39 · ca. 1890 · Kurbelkopf · sehr feines, leicht rosa getöntes Biskuitporzellan mit rosigen Wangen · himmelblaue Glasschlafaugen mit Strahleniris, sehr fein gemalte Wimpern und modellierte hellbraune Augenbrauen · leicht geöffneter Mund mit 4 Zähnchen oben · Ohren durchstochen und sehr fein modelliert · alte blonde Echthaarperücke · Composition-Körper mit 10 Gelenken · Größe 39 cm · Kleidung aus altem handgestickten Material ·

Postkutsche mit Zugpferden aus Holz · farbig bemalt ·
ca. 1900 · Bastlerarbeit

J. D. Kestner junior

gemarkt JDK 214 made in Germany · ca. 1910 · Kurbelkopf ·
sehr feines, zartrosa getöntes Biskuitporzellan mit orange-rosa Wangen ·
blaue Glas-Schlafaugen mit Strahleniris,
sehr fein gemalte Wimpern und kräftig betonte Augenbrauen ·
leicht geöffneter Mund mit 4 Zähnchen oben · neue Echthaarperücke ·
Composition-Körper mit 10 Gelenken · Größe 49 cm ·
Kinngrübchen · Kleidung aus altem Material nachgeschneidert ·

Szene oben: «Brautwerbung» · unten: «Abschied»

Hersteller unbekannt ▷

gemarkt 0 · ca. 1905 · Kurbelkopf · mittelfeines,
rosa getöntes Biskuitporzellan mit kräftig rosa getönten Wangen ·
graue Glasschlafaugen mit Stoffwimpern,
feingemalte Wimpern oben und unten, leicht betonte Augenbrauen ·
offener Mund mit 4 Zähnchen oben · neue Mohairperücke ·
Composition-Körper mit 10 Gelenken · Größe 50 cm ·
Kleidung aus altem Stoff nach altem Originalschnitt nachgeschneidert ·
englisches Blechspielzeug mit Federzug der 20er Jahre

C-A
GOLDEN FIS

*Schäfchen auf Rädern · aus echtem Fell ·
Pappmachékopf mit Glasaugen · wahrscheinlich
Gebr. Bing · Nürnberg · 1870 · Höhe 35 cm*

Armand Marseille

gemarkt 1894 AM 10 DEP · ca. 1894 · Kurbelkopf · sehr helles, feines Biskuitporzellan mit zart übertönten Wangen · leuchtend blaue Strahleniris-Augen mit sehr fein gemalten Wimpern · stark betonte dunkelbraune Augenbrauen · geöffneter Mund mit 5 Zähnchen oben · handgeknüpfte Original-Echthaarperücke · Original-Composition-Gliederkörper, 8 Gelenke mit überlangen Oberschenkeln, Unterarme und Hände in einem Stück · Größe 65 cm · alte Kleidung, Hut alt ·

Armand Marseille (linke Puppe oben)

gemarkt 1894 DEP · ca. 1895 · Kurbelkopf · zartrosa Biskuitporzellan, Wangen etwas kräftiger getönt, Kinngrübchen · graue Strahleniris-Augen mit schwarzer Umrandung, feingemalte Wimpern, kurze hellbraune Augenbrauen · offener Mund, zartrosa, drei Zähnchen, ein Zähnchen fehlt · handgeknüpfte alte Echthaarperücke · schmaler Composition-Körper mit überlangen geraden Oberschenkeln · Größe 50 cm · Kleidung aus altem Stoff mit Häkelspitze, Gürtel aus alter Perlenstickerei ·

Armand Marseille

gemarkt A M 1894 3 DEP made in Germany · mittelfeines, sehr blasses Biskuitporzellan, Kurbelkopf · schwarze feststehende Augen · leicht geöffneter Mund mit 4 Zähnchen oben · alte handgeknüpfte Echthaarperücke · Französischer Composition-Steifgelenkkörper mit 8 Gelenken · Größe 45 cm · Kleidung original, Ärmel der Bluse mit alter Spitze ausgebessert ·

«Magische Bilderschau» mit Rundscheiben der Laterna magica ca. 1880, Ernst Plank, Nürnberg

Armand Marseille

gemarkt 390 A.2 M made in Germany · ca. 1900 · Kurbelkopf · sehr feines, helles Biskuitporzellan, rosige Wangen · rehbraune Glasschlafaugen, feingezeichnete Wimpern, modellierte, fein schattierte Augenbrauen · leicht geöffneter Mund, 4 Zähnchen oben, Betonungsbögen · Kinngrübchen · alte Echthaarperücke · Composition-Körper mit 10 Gelenken · Größe 43 cm · Kleidung aus altem Material geschneidert ·

«Spinnrädchen, spinn!»

Armand Marseille

gemarkt Armand Marseille Germany 390 · ca. 1902 · Kurbelkopf ·
feines, sehr helles Biskuitporzellan · rosige Wangen ·
blaue Glasschlafaugen mit Haarwimpern oben · außerdem Wimpern
oben und unten sowie Augenbrauen fein gemalt ·
offener Mund mit 4 Zähnchen oben · alte Mohairperücke ·
Größe 32 cm · Kleidung aus altem Material ·

Armand Marseille

gemarkt 1894 AM DEP made in Germany · ca. 1895 · Kurbelkopf · feines, hellrosa Porzellan mit stärker getönten Bäckchen · Kinngrübchen · dunkelbraune Glasschlafaugen · feingezeichnete Wimpern und Augenbrauen · leicht geöffneter Mund · 4 Zähnchen oben · Original-Mohairperücke · Composition-Körper mit 8 Gelenken · Arme und Hände in einem Stück · Größe 35 cm · Kleidung aus altem Material · Puppe auf weiß-blau bemaltem Pferdcnen (ungarisch): DEP-Jumeau aus PuppenAlbum 2

Zwei Puppenschirmchen · schwarz aus Seide mit Messingknauf und blümchenbedruckt aus Baumwolle · um 1900 · 20 cm und 25 cm lang

Anger, A. C. J.
(Nachf. von Moehling, Aich)

(Österreichische Puppe)
gemarkt 15 A & M · Made in Austria · ca. 1904 · Kurbelkopf aus feinem, zartrosa getöntem Biskuitporzellan mit rosigen Wangen · feststehende kobaltblaue Glasaugen mit Strahleniris · leicht geöffneter Mund mit Betonungsbögen, 4 Zähnchen oben · alte Echthaarperücke · Composition-Körper mit 10 Gelenken · Größe 80 cm · altes Kinderkleid ·

Mitte: AM 390, rechts: DEP-Jumeau

Gebrüder Ohlhaver (linke Puppe)

gemarkt Revalo 8 1/2 made in Germany, hergestellt von der
Fa. Gebr. Ohlhaver, Sonneberg · ca. 1915 · Kurbelkopf aus feinem,
hellrosa getöntem Biskuitporzellan mit kräftig rosa getönten Wangen ·
hellblaue Augen mit schwarzen Wimpern,
fein gemalte Wimpern unten, leicht geschwungene Augenbrauen ·
leicht geöffneter Mund mit 4 Zähnen oben ·
alte Echthaarperücke · Composition-Körper mit 10 Gelenken ·
Größe 55 cm · altes Kleid ·

Indische Pferde · handgeschnitzt und gefaßt ·
19. Jahrhundert

Schoenau & Hoffmeister

gemarkt S (Stern PB) H · 1906 · Kurbelkopf
aus feinem, zartrosa getönten Biskuitporzellan mit rosigen Wangen ·
graublaue Glasschlafaugen mit Strahleniris, Haarwimpern oben,
feingemalte Wimpern oben und unten und fein gemalte
hellbraune Augenbrauen · leicht geöffneter Mund mit 4 Zähnchen oben,
Betonungsbögen · Kastanienbraune Original-Mohairperücke ·
Composition-Körper mit 10 Gelenken · Größe 70 cm ·
Kleidung aus altem Material nachgeschneidert ·

Simon & Halbig

gemarkt SH 1079 / 12 DEP · 1892 · Kurbelkopf ·
sehr feines zartrosa getöntes Biskuitporzellan · Glas-Schlafaugen
mit dunkelblauer Umrandung und blauer Strahleniris ·
sehr feingemalte Wimpern · kräftig gezeichnete mittelbraune Brauen ·
offener Mund mit 4 Zähnen oben, Betonungsbögen ·
sehr schöne modellierte Ohren mit durchstochenen Ohrläppchen ·
neue Echthaarperücke · Composition-Körper mit 10 Gelenken ·
Größe 60 cm · aus altem Material nachgeschneiderte Kleidung ·

Simon & Halbig

gemarkt S & H 3 1/2 · ca. 1905 · Kurbelkopf aus feinem Biskuitporzellan mit kräftig getönten Wangen · hellblaue Glasschlafaugen · offener Mund mit 4 Zähnchen · durchstochene Ohrläppchen · Echthaarperücke · Composition-Körper mit 10 Gelenken · 31 cm groß · nachgeschneidertes Kleid ·

Steiff-Hahn, aus farbigem Filz, Höhe 18 cm
Puppe rechts: Kämmer & Reinhardt

Simon & Halbig (rechte Puppe)

gemarkt 1078 Simon & Halbig 6 1/2 Germany · ca. 1900 · Kurbelkopf ·
sehr feines, zartrosa getöntes Biskuitporzellan mit rosigen Wangen ·
braune Glasschlafaugen mit Strahleniris,
fein gemalte Wimpern am unteren Lidrand, Haarwimpern oben ·
modellierte braune Augenbrauen · geöffneter Mund
mit 4 Zähnchen oben, Betonungslinien · durchstochene Ohrläppchen ·
alte Echthaarperücke, hellblond · Composition-Körper
mit 10 Gelenken · Größe 46 cm · Kleidung nachgeschneidert ·

Puppensofa aus Korbgeflecht · 35 cm breit · ca. 1915

Kämmer & Reinhardt
Simon & Halbig

gemarkt Nr. 117 A, 54 Charakterpuppe, Kurbelkopf · sehr feines, zartrosa getöntes Biskuitporzellan mit rosigen Wangen · graublaue Glasschlafaugen mit Strahleniris, fein gemalte Wimpern und Augenbrauen · geschlossener Mund · Original-Mohairperücke hellblond · Composition Körper mit 10 Gelenken · 28 cm oben · rechte Seite, rechte Puppe 54 cm groß · alte Originalkleidung ·

Kämmer & Reinhardt
Simon & Halbig

gemarkt K (Stern) R Simon & Halbig 117 N Germany 80 Charakterpuppe · ca. 1920 · Kurbelkopf · sehr feines, helles Biskuitporzellan mit bräunlich roten Apfelbäckchen · Kinngrübchen · graublaue Glasschlafaugen (flirting eyes) mit fein gemalten Wimpern und gefiederten hellbraunen Augenbrauen · offener Mund mit 4 Zähnchen oben · Original-Mohairperücke, mittelblond · Composition-Körper mit 10 Gelenken und Gummihänden · Größe 80 cm · altes Kinderkleidchen mit Spitzenkragen ·

Die 1448 von Simon & Halbig ist eine der Starpuppen der Puppenkollektion dieses Buches. Sie gehört zu den absolut schönsten, seltensten und begehrtesten Puppen deutscher Hersteller. Ihr Gesicht ist in Realismus, Liebreiz und Anmut mit dem eines lebenden Kindes verwechselbar.

Simon & Halbig

gemarkt 1448 Simon & Halbig, S & H · ca. 1905 · Kurbelkopf · äußerst seltene und gesuchte Charakterpuppe · sehr feines, zartrosa getöntes Biskuitporzellan mit rosigen Wangen · braune Glasschlafaugen mit Strahleniris, feingemalte Wimpern und hellbraune Augenbrauen · geschlossener Mund mit betonter Mittellinie · durchstochene Ohrläppchen · Original-Mohairperücke · Composition-Körper mit 10 Gelenken · 50 cm groß · alte Kleidung mit Spitzenstrümpfen und Lederstiefeln ·

J. D. Kestner junior

gemarkt 182 · Charakterpuppe · Kurbelkopf · feines, helles, zartrosa getöntes Biskuitporzellan mit kräftig rosa getönten Wangen · gemalte blaue Augen · Wimpern und Augenbrauen zart angedeutet · brauner Lidstrich · geschlossener Mund · hellblonde Mohairperücke · Composition-Körper mit 10 Gelenken · 40 cm groß · Kleid aus altem Material nachgeschneidert ·

Gebrüder Heubach, Lichte/Thüringen

gemarkt 6/0 · ca. 1910 · Charakterpuppe · Kurbelkopf · feines, zartrosa getöntes Biskuitporzellan mit rosigen Wangen · Intaglio-Augen, brauner Lidstrich und braune Augenbrauen · geschlossener Schmollmund · modellierte blonde Haare · Composition-Toddlerkörper mit 10 Gelenken · 32 cm groß · Kleidung aus altem Material und nach Originalschnitt nachgeschneidert ·

Armand Marseille

gemarkt Germany 323 M 2/0 M · 1915 · Googly · Kurbelkopf · feines zartrosa getöntes Biskuitporzellan mit rosigen Wangen · braune Glasschlafaugen, kräftig gemalte Wimpern und sehr feine Augenbrauen · geschlossener Mund · alte handgeknüpfte Echthaarperücke · Composition-Babykörper mit 4 Gelenken · 32 cm groß · altes Baumwollkleidchen ·

Armand Marseille ▷

gemarkt 323 A. 6/0 made in Germany · Googly · Kinngrübchen · ca. 1918 · Kurbelkopf · feines zartrosa getöntes Biskuitporzellan mit rosa Wangen · große blaue Glasschlafaugen mit Strahleniris, Schelmenaugen, feingemalte Wimpern, leicht angedeutete hellbraune Brauen · geschlossener Mund, verschmitztes Lächeln · blonde Original-Mohairperücke · Composition-Körper mit kleinem Bäuchlein und 6 Gelenken · 23 cm groß · altes Kleid und alte Unterwäsche ·

Hersteller unbekannt ▷▷

ca. 1915 · Googly · Kurbelkopf · feines sehr helles Biskuitporzellan mit rosa Wangen · Schlafaugen, dunkelbraun mit feingemalten Wimpern und Augenbrauen · geschlossener Mund, lächelt schelmisch · Original-Mohairperücke · All-Biskuitkörper mit 4 Gelenken, Strümpfe und Schuhe gemalt · 18 cm groß · altes Samtmäntelchen · Googlies wurden von vielen Puppenfirmen hergestellt. Ihre lustigen, großen Augen wurden Schelmenaugen genannt. Dieser neue Puppentyp wurde von den Kindern begeistert aufgenommen.

Puppen anderer Hautfarbe und ferner Länder erlangten bei groß und klein enorme Beliebtheit. Hierzu gehören Burmesinnen, Japanerinnen, Negerlein, Indianer etc. Die Qualität war sehr unterschiedlich.

Kämmer & Reinhardt
Simon & Halbig

gemarkt K (Stern) R Simon & Halbig 126 · Negerbaby · ca. 1915 ·
Kurbelkopf · feines dunkelbraun getöntes Biskuitporzellan ·
dunkelbraune Glasschlafaugen · zarte Bemalung der Wimpern und
Augenbrauen · offener Mund mit 2 Zähnchen oben ·
alte schwarze Original-Mohairperücke ·
brauner Composition-Babykörper mit 4 Gelenken ·

König & Wernicke

gemarkt 98/4 made in Germany · ca. 1910 · Negermädchen ·
Kurbelkopf, fast schwarz getöntes feines Biskuitporzellan ·
goldbraune Glasschlafaugen mit Strahleniris, feingemalte Wimpern und
schwarze Brauen · geöffneter Mund mit zwei Zähnchen oben ·
durchstochene Ohrläppchen · handgeknüpfte alte Echthaarperücke ·
Composition-Körper mit 10 Gelenken, braungetönt · 42 cm groß ·

Kleine Puppe links: Simon & Halbig

Simon & Halbig (rechte Puppe)

gemarkt 164, Germany, 38 Orientalin · ca. 1900 · Kurbelbrustkopf · gelblich getöntes feines Biskuitporzellan, leicht rosige Wangen · braune Glasschlafaugen, zart gemalte Wimpern, gefiederte Brauen · geöffneter Mund mit 4 Zähnchen · schwarze Original-Mohairperücke · taillierter Lederkörper mit Porzellanunterarmen · 50 cm groß · Original-Seidenkleid ·

Altes gedrechseltes Holzstühlchen mit Goldbronze und Blümchen bemalt und mit Seide gepolstert

Simon & Halbig ▷

gemarkt Simon & Halbig 1329, 2, Orientalin, Made in Germany · ca. 1900 · Kurbelkopf · gelblich getöntes feines Biskuitporzellan mit rosigen Wangen · dunkelbraune Glasschlafaugen, fein gemalte Wimpern und modellierte Brauen · leicht geöffneter Mund mit 4 Zähnchen · durchstochene Ohrläppchen · schwarze Original-Mohairperücke · gelblich getönter Composition-Gliederkörper mit 10 Gelenken · 30 cm groß · Original-Seidenkleid ·

Armand Marseille

gemarkt A.M. Germany 341/3 · «My Dream Baby» als Neger · 1923 ·
Einbindekopf (auch Ringhalskopf genannt) · feines dunkelbraun
getöntes Biskuitporzellan mit schwarz-getöntem Haarboden ·
kleine dunkelbraune Glasschlafaugen · zarte Bemalung der Wimpern
und Augenbrauen · geschlossener ziegelroter Mund ·
brauner Stoff-Babykörper mit Mamastimme und Pappmachéhänden ·
30 cm groß · altes Kleidchen ·

Heubach Köppelsdorf (Charakterbaby)

gemarkt Heubach Köppelsdorf Nr. 342.3 Germany II · zartrosa getöntes Biskuitporzellan mit kräftig orangerosa gefärbten Wangen · graublaue Glasschlafaugen mit fein gemalten Wimpern und Augenbrauen · geöffneter Mund mit zwei großen Zähnen oben · handgeknüpfte Original-Mohairperücke, hellblond · Composition-Babykörper mit 4 Gelenken · Größe 47 cm · Kleidchen nachgeschneidert ·

Kämmer & Reinhardt
Simon & Halbig

gemarkt K & R Simon & Halbig 122 · 1920 Charakterbaby · Kurbelkopf · feines, zartrosa getöntes Biskuitporzellan mit rosa Wangen · rehbraune Glasschlafaugen mit fein gezeichneten Wimpern und Augenbrauen · leicht geöffneter Mund mit zwei Zähnchen oben · handgeknüpfte Echthaarperücke · Babykörper mit 4 Gelenken · Größe 31 cm · aus altem Material nachgeschneiderte und gehäkelte Kleidung ·

Kämmer & Reinhardt ▷

gemarkt 36 K & R 100 · Charakterbaby · sogenanntes Kaiserbaby · 1909 · Kurbelkopf · feines, zart getöntes Biskuitporzellan · gemalte blaue Augen · gemalter Haarboden · offen-geschlossener Mund · Composition-Babykörper mit 4 Gelenken · Größe 36 cm · altes Kleidchen ·

Otto Reinecke ▷▷

△ gemarkt P.M. 914,5 · Charakterpuppe · ca. 1905 · Kurbelkopf · sehr feines, helles Biskuitporzellan mit rosigen Wangen · hellgraue Glasschlafaugen, feingemalte Wimpern und geschwungene Brauen · geöffneter Mund, 1 Zähnchen oben fehlt · modellierte Zunge · neue Echthaarperücke · Composition-Stehbabykörper mit 4 Gelenken · 36 cm groß · alte Kleidung ·

Puppenwagen aus Peddigrohr mit Verdeck · graublau lackiert · Eisenräder · 1890
am Puppenwagen stehend: DEP-Jumeau aus PuppenAlbum 2

Armand Marseille ▷

gemarkt AM 341 · ca. 1923 · «My Dream Baby» · Charakterbaby · Kurbelkopf · zartrosa getöntes Biskuitporzellan · blaue Schlafaugen mit fein gemalten Wimpern und angedeuteten Augenbrauen · geschlossener Mund · modellierte und gemalte Haare · Babykörper aus Composition · Größe 45 cm · nachgearbeitete Babykleidung ·

«Spielgefährte»

Plüschhund mit Glasaugen in lustiger Tracht · 35 cm groß · ca. 1920

Kämmer & Reinhardt

gemarkt K (Stern) R 126 Germany 42 · Charakterbaby · ca. 1920 · Kurbelkopf · Kinngrübchen · zartrosa getöntes, feines Biskuitporzellan mit roten Apfelbäckchen · goldbraune Glasschlafaugen mit Strahleniris, feingemalte Wimpern und Augenbrauen · geöffneter Mund mit 2 Zähnchen oben · neue Echthaarperücke · Composition-Babykörper mit 4 Gelenken · Größe 42 cm · Kleidung aus altem Material nachgeschneidert ·

Carl Bergner

gemarkt C.B. · Drei-Gesichter-Puppe: lachen, weinen, schlafen · Kurbelkopf · sehr feines Biskuitporzellan mit fein gemalten Wimpern und aufmodellierten Tränen · braune feststehende Augen · geschlossener Mund · Kopf-Ummantelung aus Pappmaché mit Mohairlöckchen · Stoffkörper mit Composition-Gliedern · Größe 28 cm · Kleid und Häubchen original ·

Dem Spieltrieb der Kinder trugen die Puppenhersteller auch dadurch Rechnung, daß sie mechanische Puppen in vielfältigster Ausführung konzipierten. Da gab es laufende, trinkende, sprechende und Musik machende Puppen und viele andere Varianten. Zur Bewältigung des technischen Apparates und des Aufzugmechanismus bedienten sich die Puppenhersteller sehr oft anderer Zulieferer.

Pendelfigur aus Eisen, teilweise bemalt, ca. 1890

Gebrüder Heubach, Lichte/Thüringen

ca. 1900 · Halbautomat · Beim Drehen der Kurbel schlägt die Puppe die Hände zusammen, so daß die Schellen erklingen; über eine Spieldose ertönt eine Melodie · Biskuitporzellankopf mit modellierten blond gemalten Haaren · gemalte braune Augen, offen-geschlossener Mund mit 2 modellierten Zähnchen unten · 21 cm groß · Originalkleid ·

«Puppenstuben-Arrangement» von vier ungemarkten Biskuitporzellanpuppen, teils all-bisc-dolls, mit modellierten und gemalten Haaren, Schuhen und Strümpfen.

Hersteller unbekannt ▷▷

ungemarkt · Grödnerpuppe aus dem Grödner Tal/Südtirol · ca. 1880 · bemerkenswert die bei Grödnerpuppen sehr seltene Kombination von Holzkörper mit Biskuitporzellankopf · Augen, Augenbrauen, Mund und Bäckchen sind schlicht bemalt · rustikal geschnitzter Holzkörper, bei dem die vier Glieder und der Kopf mit Draht verbunden sind · Beine bemalt · Größe 12 cm · bemalter eiserner Schaukelstuhl 15 cm hoch ·

Simon & Halbig

gemarkt S & H 1160/0 · ca. 1900 · Brustblattkopf · mittelfeines Biskuitporzellan · Wangen rosa · feststehende braune Glasaugen · fein gemalte Wimpern und Augenbrauen · geschlossener Mund · alte Mohairperücke mit Korkenzieherlöckchen · Lederkörper mit Biskuitunterarmen · Größe 29 cm · Kleidung aus altem Material im Stil der Zeit nachgeschneidert ·

Käthe-Kruse-Puppen

Die kleine Puppenhochzeit

Kleine Eitelkeit ·
Nach einem Gemälde von F. C. Hösch

Margaretchen und Jockerle

Puppe I, die bekannte erste Original-Käthe-Kruse-Puppe, wie sie bis 1952 hergestellt wurde. Hier in vier populär gewordenen Ausführungen, bei denen die Kleidung weitgehend originalgetreu nachgearbeitet wurde.

Rotkäppchen

Deutscher Michel

Käthe Kruse

München 13
Mittermayrstraße 10 II
Telefon 37 34 03

29.9.58.

Geliebte Freunde Alle!

Nein, es ist nicht möglich, jedem Einzelnen auch nur mit ein paar wenigen persönlichen Zeilen zu danken! Ich bin so zu-geschüttet worden mit Beweisen von Zuneigung und Freundschaft, – mit Briefen und Telegrammen und Karten, mit zauberhaften Blumen und schönen Angebinden, daß ich eben einfach garnicht durchkommen kann. Es war, und ist noch überwältigend! Aber seid unbesorgt, – ich bleibe bescheiden. – Von acht auf acht! – Es war sehr schön, daß ich's erleben durfte. –

Ich bitte Euch, mit diesem kleinen herzlichen Dank fürlieb zu nehmen. – Ich wünsche Euch Allen etwas Ähnliches! –

Eure

Käthe Kruse

Käthe Kruse im würdigen Alter von 81 Jahren, fotografiert von ihrem Enkel Torsten Rehbinder, der als Werbefotograf ebenso Zugang zur Fotografie fand wie seine Mutter Sofie Rehbinder-Kruse und seine Großmutter Käthe Kruse.

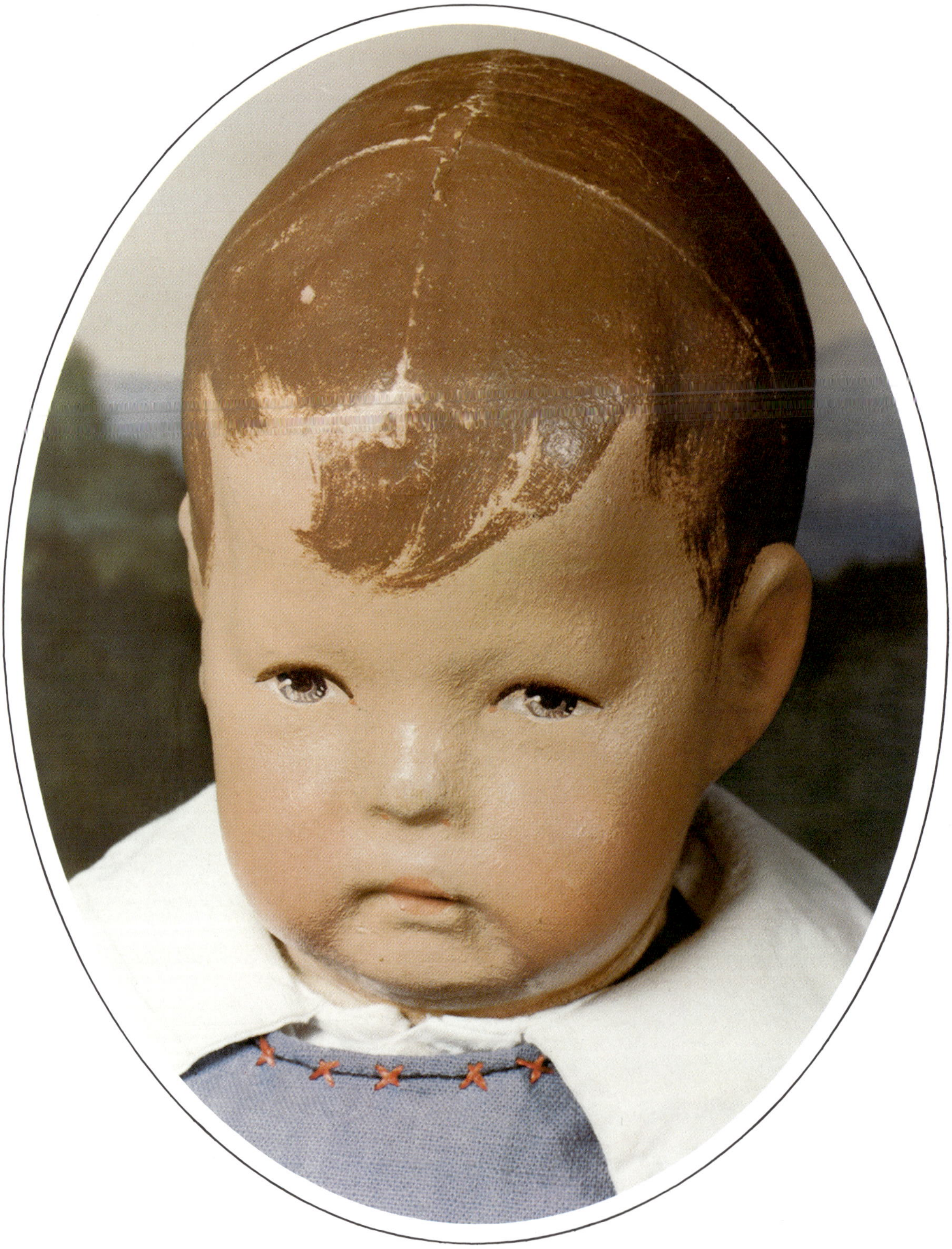

Puppe I als Bauernjunge Fritz

Puppe I · 1915 · 43 cm · angenähter Stoffkopf · angenähte Daumen · breite Hüften · Strahleniris · Originalkleidung, danach «Bauernjunge Fritz» genannt

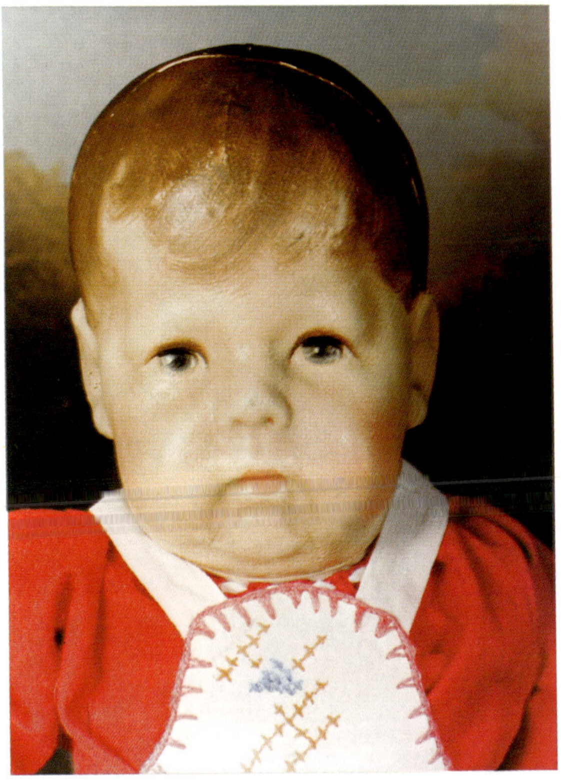

Puppe I · ca. 1915 · 43 cm · angenähter Stoffkopf · angenähte Daumen · breite Hüften · Strahleniris

Puppe I · ca. 1918 · 43 cm · angenähter Stoffkopf · angenähte Daumen · breite Hüften · Strahleniris · Bäckchen, Ohren und Mund besonders rot bemalt

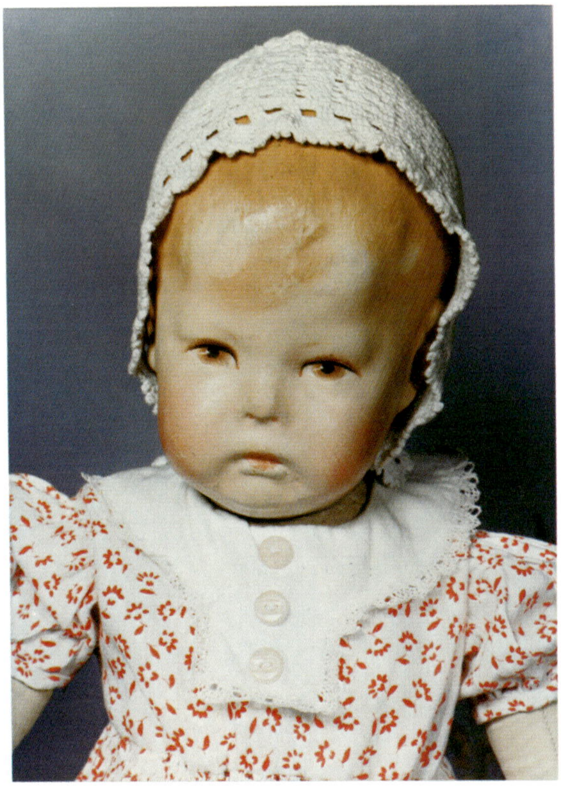

Puppe I · ca. 1920 · 43 cm · angenähter Stoffkopf · angenähte Daumen · breite Hüften · Strahleniris

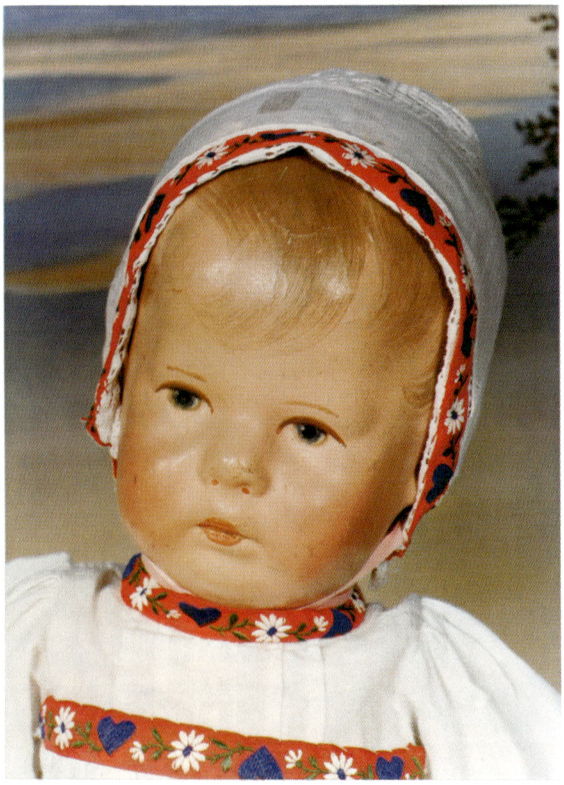

Puppe I · ca. 1930 · 43 cm · angenähter Stoffkopf · angenähte Daumen · nicht mehr so breite Hüften

«Sternschnuppchen» · 35 cm · Originalkleidung und -häubchen. Zu Weihnachten trug diese Puppe einen goldenen Pappstern auf dem Kopf; daher der Name.

Links oben: ca. 1928, 43 cm (!), Strahleniris, angenähte Daumen, breite Hüften, sehr früh; rechts oben: ca. 1935, 45 cm; links unten: ca. 1940, 45 cm; rechts unten: ca. 1950, 45 cm, restauriert.

Puppe I H · ca. 1936 · 45 cm · angenähter Stoffkopf · Strahleniris ·
besonders gute Erhaltung

Schlenkerchen, einzige Kruse-Puppe
mit gemalten Wimpern
bei offenen Augen, lächelndem
Gesicht und offen-
geschlossenem Mund.

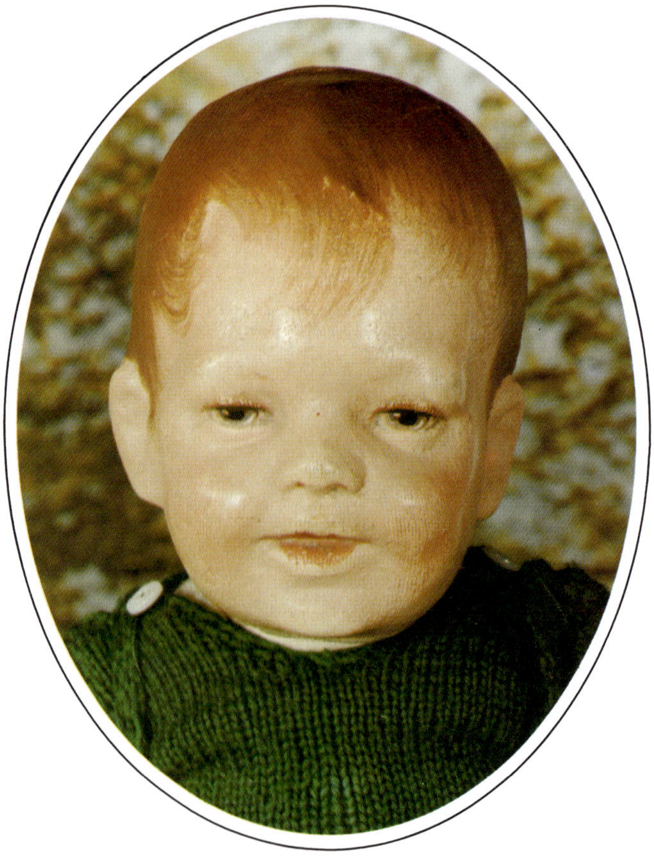

Du Mein · Ende 20er Jahre · 50 cm · unbeschwert
Stoffkopf · Strahleniris

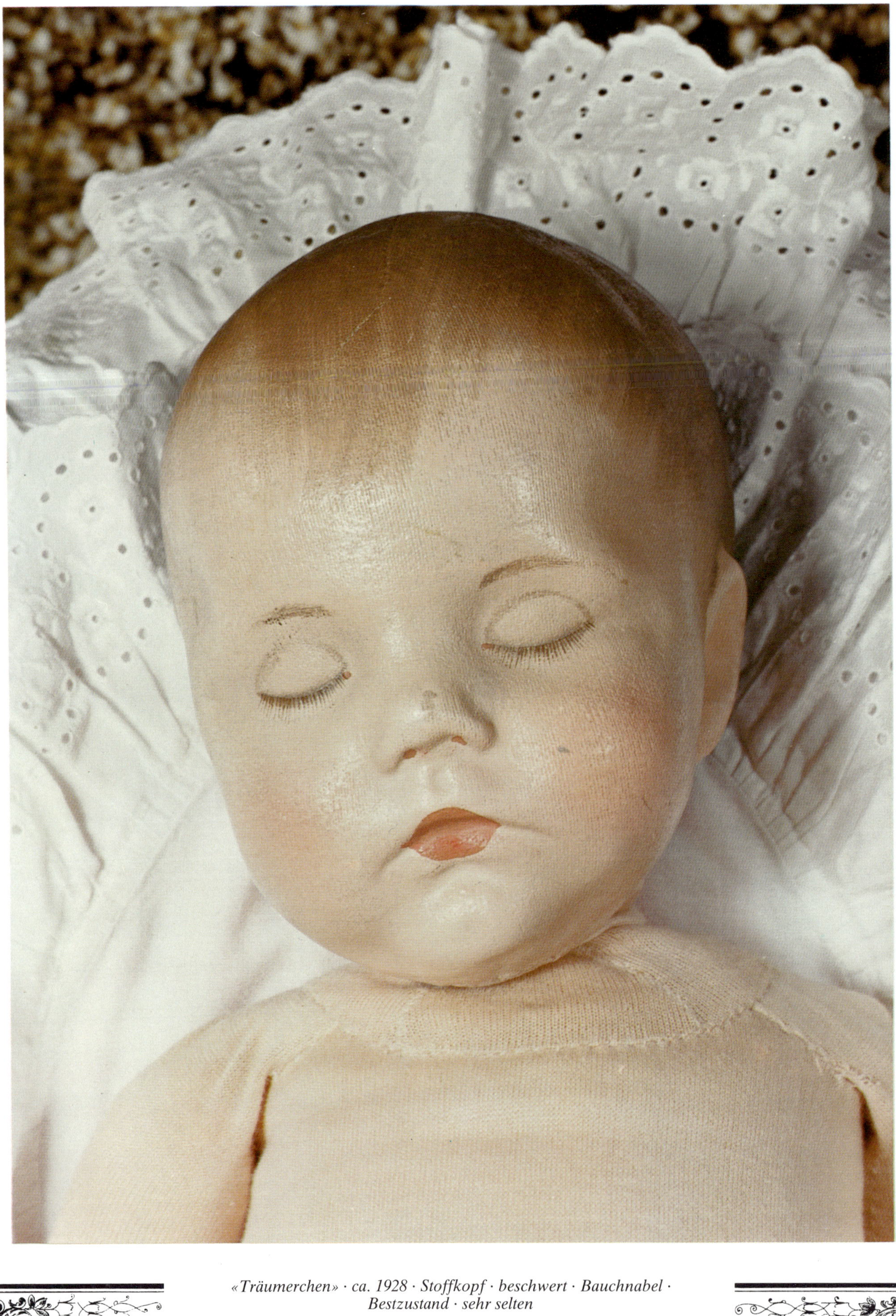

*«Träumerchen» · ca. 1928 · Stoffkopf · beschwert · Bauchnabel ·
Bestzustand · sehr selten*

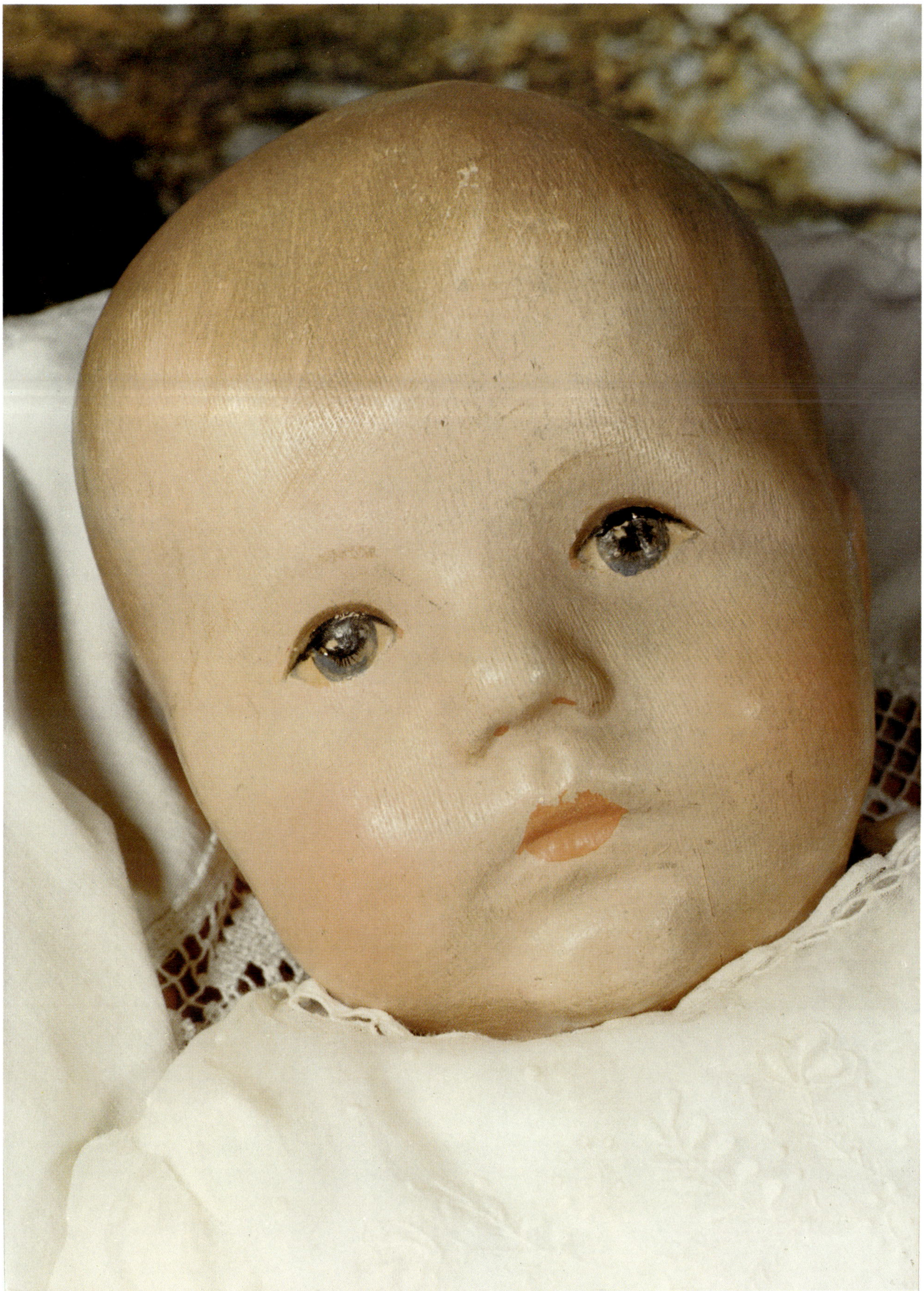

Dieses Du Mein mit angenähtem Stoffkopf (sehr selten) ist 50 cm groß, beschwert und wiegt 5 Pfund, hat einen gewickelten Körper mit Trikotüberzug und einen aufgenähten Bauchnabel.

Links: «Du Mein» · ca. 1937 · 50 cm · Magnesitkopf · Daneben die erste kleine Kruse-Puppe (VII) von 1927 mit angenähtem kleinen Du-Mein-Stoffkopf (sehr selten) · angenähte Daumen · breite Hüften

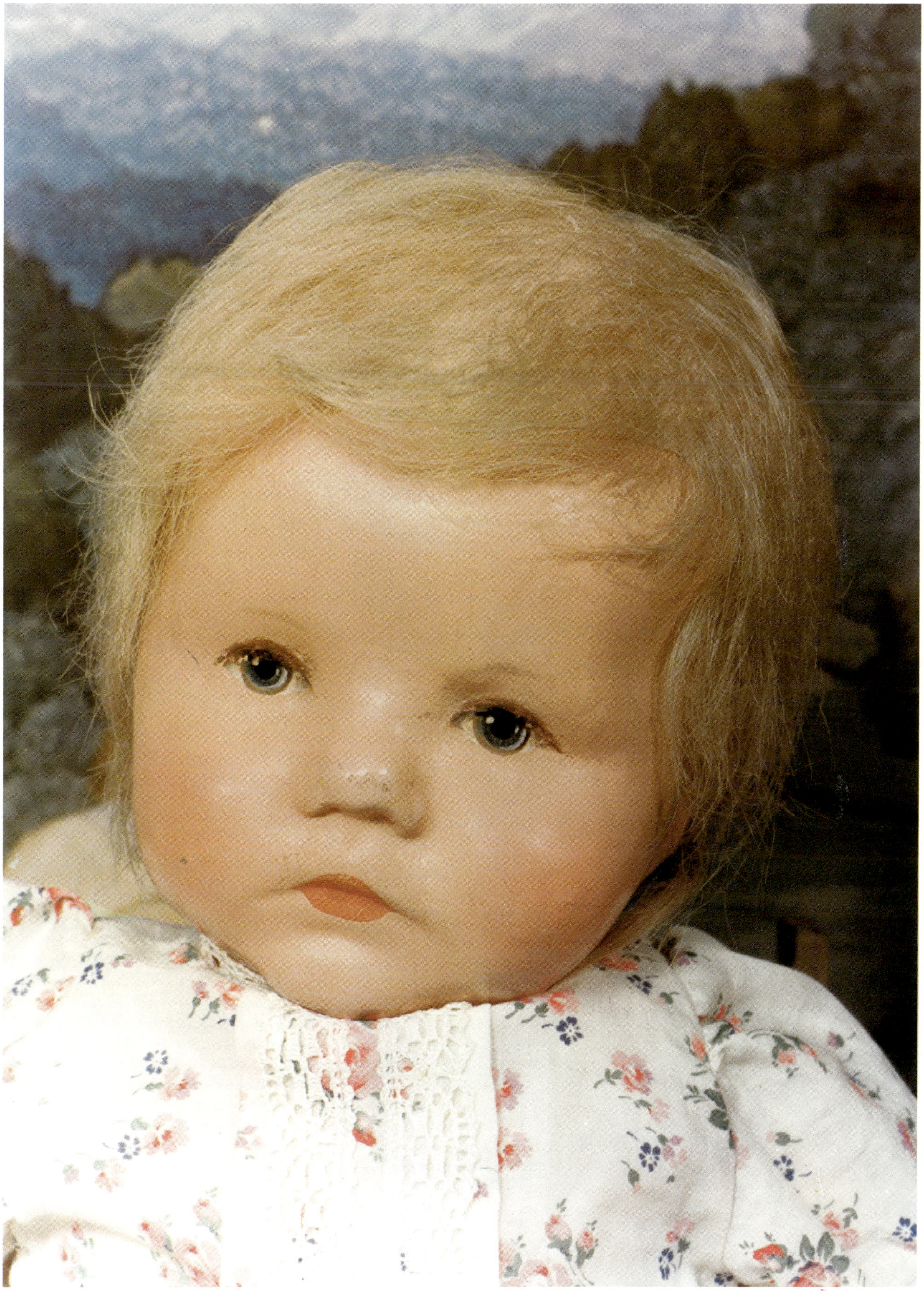

«Du Mein» · Anfang 1930 · 50 cm · angenähter Stoffkopf mit dünn geknüpfter Babyperücke (sehr selten), damit die Kopfhaut durchscheint · Strahleniris · unbeschwert · gewickelter Körper mit Trikotüberzug

Oben links:
Die kleine Käthe-Kruse-Puppe · ca. 1927 · 35 cm · angenähter Stoffkopf des Typs Puppe Vw «Du Mein» · angenähte Daumen · breite Hüften
Unten links:
Die kleine Käthe-Kruse-Puppe, Kopf des Typs Puppe Vw «Du Mein» · ca. 1929 · 35 cm · angenähter Stoffkopf · angenähte Daumen · breite Hüften
Rechts:
Die kleine Käthe-Kruse-Puppe, Kopf I · ca. 1930 · 35 cm · angenähter Stoffkopf · angenähte Daumen · breite Hüften

«Friedebald» · ca. 1940 · «Ilsebill» · ca. 1930 · beide 52 cm · Stoff-Drehkopf · Original Jungen- bzw. Mädchenperücke

«Ilsebill im Winde», einem Prospektbild von Jochen Kruse nachempfunden

Puppe VIII · Anfang 30er Jahre · 52 cm Stoff-Drehkopf · Strahleniris

«Der Roderich», mit Stoffdrehkopf, 35 cm groß, unbespielt in absoluter neuer Originalkleidung mit Lederschultasche in Schachtel mit Ölpapier. Das Markenschild trägt den Aufdruck «Made in US Zone, Germany», was auf die Zeit um 1948 hinweist. Eine Puppe dieser Erhaltung und Ausstattung ist ein seltenes Sammlerobjekt.

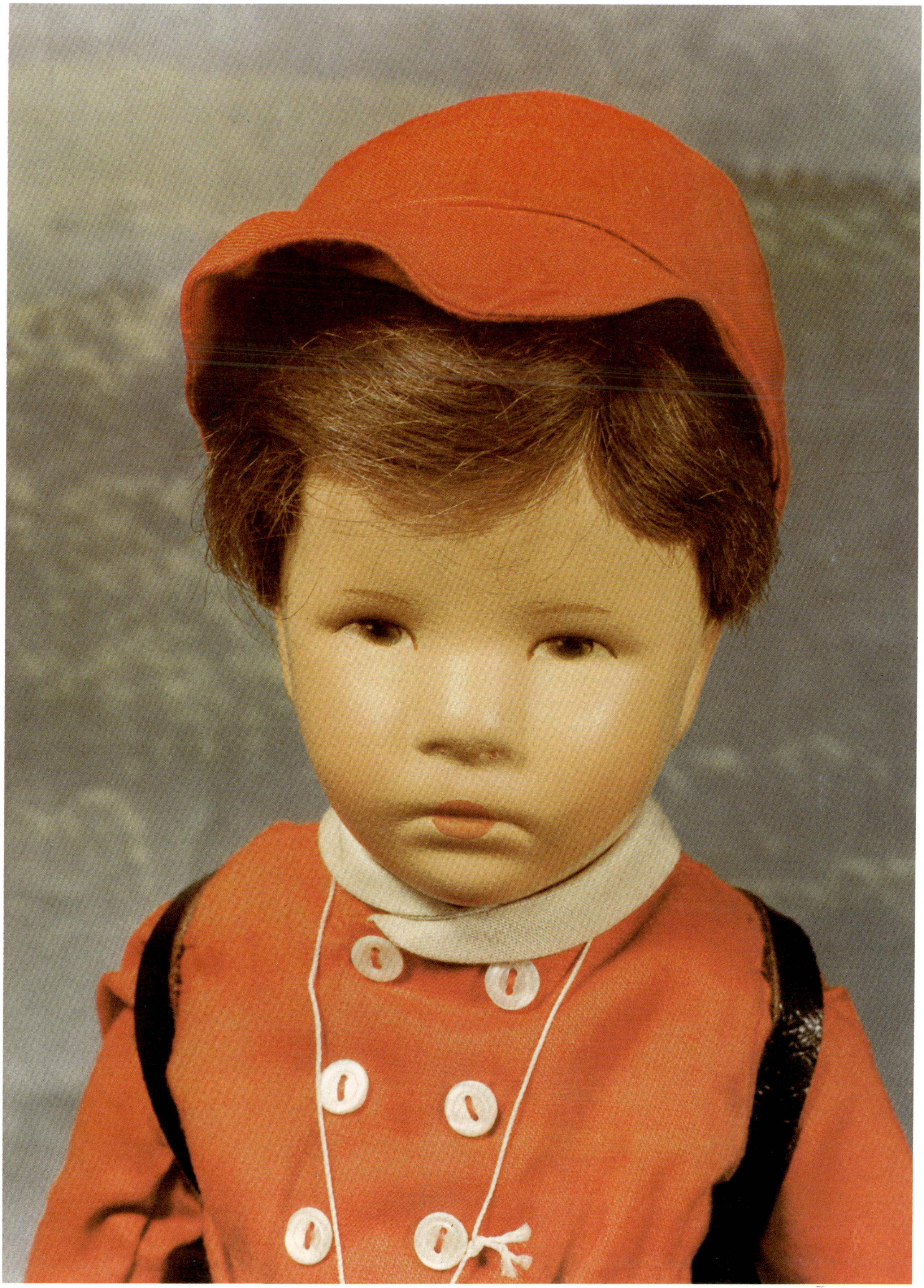

Ca. 1947 · genannt «Der Roderich» · 35 cm · Stoff-Drehkopf

Puppe IX «Das kleine Deutsche Kind» · Anfang 30er Jahre · 35 cm · Stoff-Drehkopf · Original Jungenperücke

Die kleine Käthe-Kruse-Puppe in Schaffneruniform · ca. 1935 · 35 cm · Stoff-Drehkopf · Mütze und Kittel original

Die kleine Käthe-Kruse-Puppe · 1948 · 35 cm · Stoff-Drehkopf · Markenschildchen mit Aufdruck «US-Zone Germany»

«Hampelchen» · Anfang 30er Jahre · 45 cm · angenähter Stoffkopf von Puppe I · in bayerischer Tracht · Auf den Spuren «Gullivers» schreitet das Hampelchen in Riesenschritten über Häuser und Dächer.

«Hampelchen» · 1943 · 45 cm · angenähter Stoffkopf nach Igor von Jakimow

Originalschuhe für Käthe-Kruse-Puppe

«Hampelchen» · 40er Jahre · 35 cm · angenähter Stoffkopf von Puppe I

«Hampelchen», genannt Baby Hampelschatz · ca. 1950 · 40 cm (!) · angenähter Stoffkopf von Puppe I

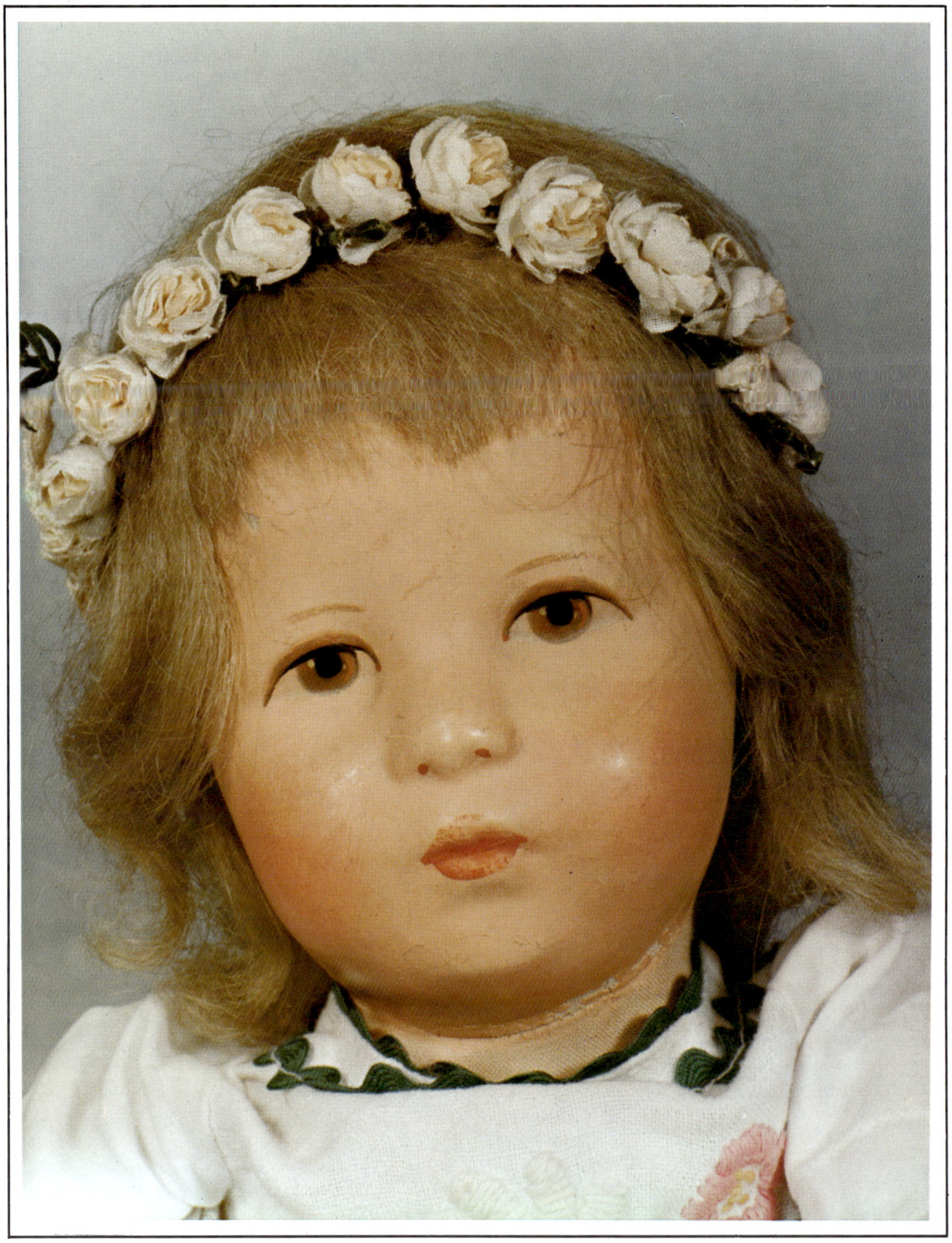

Dieses schöne Exponat weist nur kleine Gebrauchsschäden auf, aber keine Krakeleesprünge. Selten wurde beim Hampelchen auch eine Strahleniris um die Pupillen gemalt. Bei gleichem Kopf, jedoch mit anderen Perücken wurde auch das Hampelchen als Junge und Mädchen angeboten: Im Katalog 1937/38 z. B. unter den Namen Micke, Gert und Lilo, 1993 als Amrei, Matti und Luischen.

«Hampelchen», das Glückskind genannt, weil einfachere Ausführung ·
45 cm · angenähter Stoffkopf nach Igor von Jakimow

*Puppe XII H «Hampelchen», genannt das Glückskind · ca. 1940 · 45 cm ·
angenähter Stoffkopf nach Igor von Jakimow*

Die Stars unter den deutschen Puppen

Diese Charakterpuppe von Heubach ist an Herzigkeit wohl nicht mehr zu überbieten. Sie unterstreicht den guten Ruf ihres Elternhauses eindringlich. Das »Pouty« trägt ein kindgerechtes Batistkleidchen, handbestickt und mit Spitzenbesatz.

Gebr. Heubach

Ca. 1925 · Halsmarke: 7246 · Pouty mit melancholisch rührendem Kindergesicht · Kurbelkopf · Glasschlafaugen · stark ausgeprägter Schmollmund · alte Echthaarperücke · keine durchstochenen Ohrläppchen · 45 cm groß

HEU BACH

Germany

Heubach-Puppe (Porträt siehe rechte Seite unten rechts) · Altes Tüllkleidchen, das mit Spitzen und Fältchen garniert ist, weit geschnittene Ärmel · Rosa Unterwäsche · Heubach-Körper mit kurzem Rumpf und langen Oberschenkeln, acht Gelenke

Heubach-Composition-Körper, acht Gelenke, lange Oberschenkel.

Zauberhafter Heubach-Junge (Porträt siehe rechte Seite oben links) Originalanzug · Jacke und Hose aus schwarzem Wollstoff · rote Litzen · weißer Piquékragen · dazu passende Mütze · weiße Söckchen und Lederstiefel

Gebr. Heubach, ca. 1915, Halsmarke: 7246.9. (Signet) Germany · gewinnende Charakterpuppe · Kurbelkopf · feststehende, mandelförmige Augen · geschlossener Mund mit herabgezogenen Mundwinkeln · Echthaarperücke · 58 cm groß

Gebr. Heubach, ca. 1910, Halsmarke: 8204.6 (Heubach-Schriftzug im Quadrat) Germany · Charakterpuppe · Kurbelkopf · mandelförmige Glasschlafaugen · geschlossener Mund · Composition-Sitzbaby-Körper, vier Gelenke · 36 cm groß

Gebr. Heubach, ca. 1918, Halsmarke: 10/00.4. (Heubach-Schriftzug im Quadrat) Germany · schönes und seltenes Googli · Kurbelkopf · seitwärts blickende Glasaugen · geschlossener Mund · Composition-Körper, zehn Gelenke · 41 cm groß

Gebr. Heubach, ca. 1895, Halsmarke: 6970 Germany 1 · reizendes Puppenkind · Kurbelkopf · Glasschlafaugen · geschlossener Mund · Original-Mohairperücke · 28 cm groß

Halsmarke:

Kämmer & Reinhardt, ca. 1910, das weltbekannte Schmollgesicht der »114«, genannt Gretchen, mit der ausgeprägt modellierten Mundpartie · Kurbelkopf · gemalte Augen · keine durchstochenen Ohrläppchen · Original-Mohairperücke · Composition-Kugelgelenkkörper mit zehn Gelenken · 44 cm groß

Kämmer & Reinhardt

Ca. 1915 · Halsmarke: K (Stern) R 101 · Die vielgeliebte Marie (als Junge frisiert und gekleidet »Peter« genannt), die als Charakterpuppe bäuerlicher Schönheit einen herzerfrischenden Kontrast zu ihren idealisierten Schwestern repräsentiert · Kurbelkopf · geschlossener Mund · gemalte Augen · Composition-Körper, zehn Glieder · 48 cm groß

Halsmarke:

Kämmer & Reinhardt, Halsmarke: K (Stern) R. Simon & Halbig 115/A · 18 · ca. 1910 · Charakterpuppe, die für jede anspruchsvolle Sammlung eine Zierde ist · Kurbelkopf · Glasschlafaugen · Stupsnase · geschlossener Mund · Doppelkinn · Original-Echthaarperücke · Originalrock mit Trägern aus taubenblauem Samt, Bluse aus Baumwollsatin · 38 cm groß

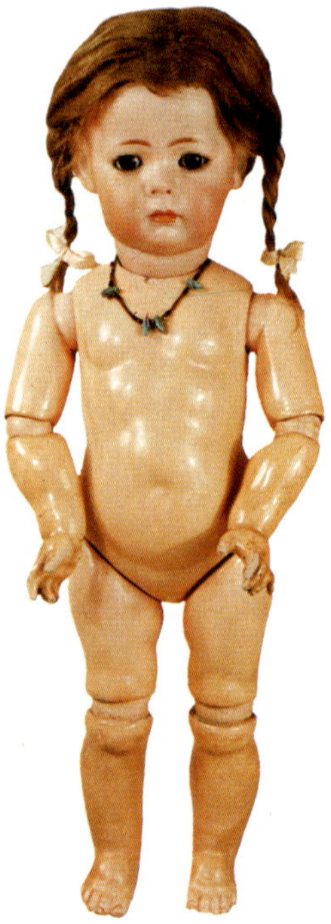

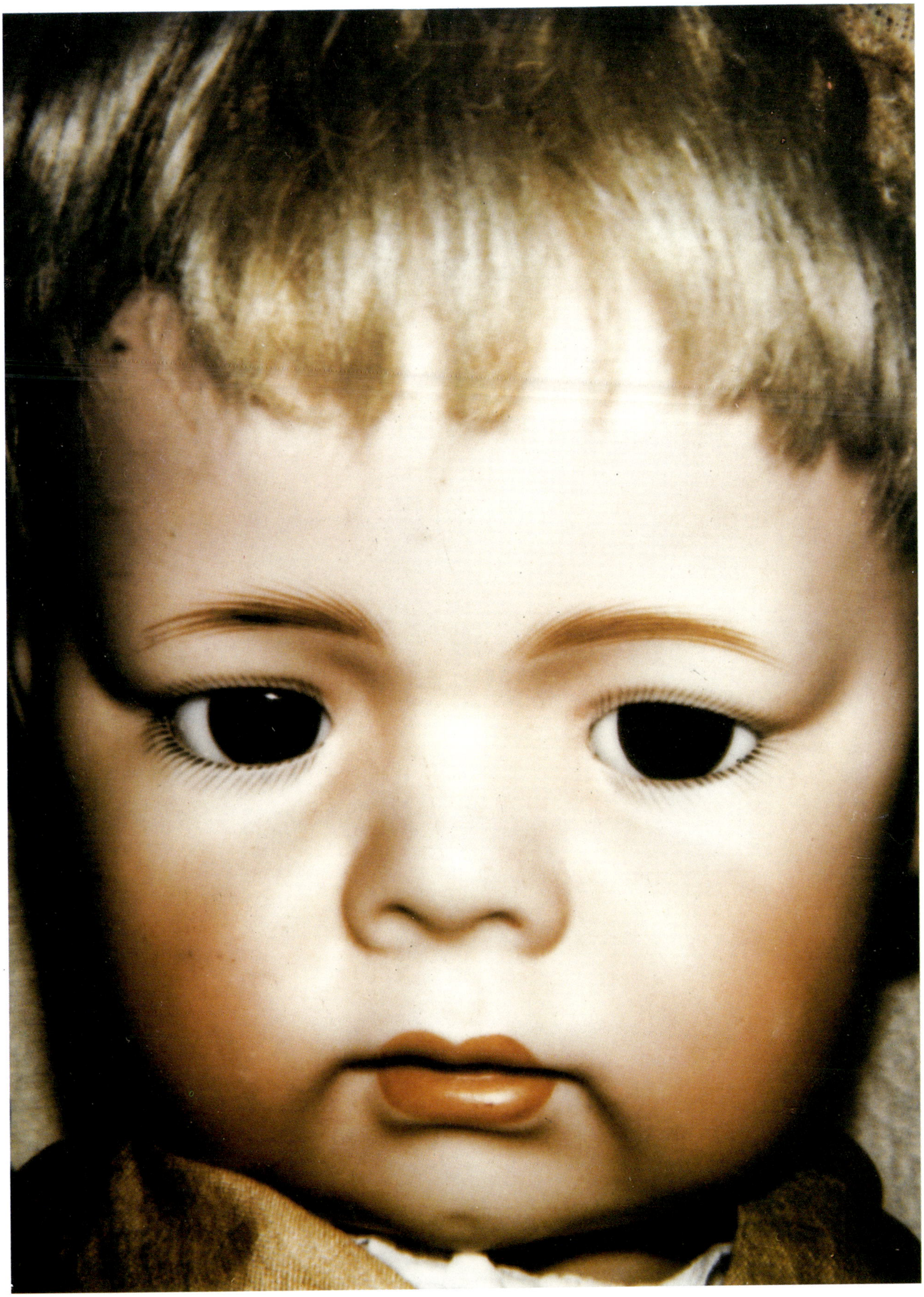

Kämmer & Reinhardt

Ca. 1915, Halsmarke: »K (Stern) R 119 Baby«. Auch wenn die »119« der nebenstehenden »115 A« recht ähnlich ist, so gehört sie doch zu den seltensten Puppen überhaupt, die offensichtlich auch in noch keinem Buch veröffentlicht wurde · Kurbelkopf · geschlossener Mund · Glasschlafaugen · Composition-Toddler-Körper, zehn Gelenke · 68 cm groß

Halsmarke:

Kämmer & Reinhardt, Halsmarke: K (Stern) R Simon & Halbig 117/A, ca. 1915, beliebteste Charakterpuppe von K & R · Kurbelkopf · Glasschlafaugen · geschlossener Mund · Original-Mohairperücke · Composition-Körper, zehn Gelenke · 48 cm groß

Kämmer & Reinhardt Simon & Halbig

Ca. 1915, Halsmarke: K (Stern) R 117/A Simon & Halbig. Die Puppe erhielt den Namen »Mein Liebling« · Kurbelkopf · Glasschlafaugen · Ohrläppchen nicht durchstochen · geschlossener Mund · Original-Echthaarperücke · Composition-Körper, zehn Gelenke · 48 cm groß

Halsmarke:

15

Kestner, ca. 1890, Halsmarke: 15 · eine Puppe, deren herbe Schönheit durch das glatte Haar, die dunklen Glasaugen und die kräftigen Augenbrauen betont wird · Kurbelkopf · geschlossener Mund · Doppelkinn · Original-Echthaarperücke · Körper aus Holz-Composition, acht Kugelgelenke (Hände und Arme in einem Stück) · abgerundete Gesäßpartie · 62 cm groß

J.D. Kestner

Ca. 1885, ungemarkt, bestechend schönes Knabengesicht im Stil altdeutscher Meister · Kurbelkopf · feststehende Glasaugen mit fein gemalten Wimpern · geschlossener Mund · Kinngrübchen Original-Mohairperücke · Körper aus Holz-Composition, acht Gelenke · vier miteinander verbundene Finger, der Daumen abgespreizt · 35 cm groß

J.D. Kestner

Ca. 1890, Halsmarke: 10 · Puppe mit weichen Gesichtszügen, die den Liebreiz ihrer Erscheinung ausmachen · Kurbelkopf · Glasschlafaugen · geschlossener Mund · keine durchstochenen Ohrläppchen · Kinngrübchen · Doppelkinn · Speckfalte im Nacken · Composition-Körper, zehn Glieder · 40 cm groß

Halsmarke:

X

Wie die meisten qualitätsvollen und ausgefallenen Kestner-Puppen, so ist auch diese hier ein sehr seltener Typ. Während das Porträt der rechten Seite alle Details deutlich sichtbar macht, entdeckt man in der Ganzaufnahme ein Puppenkind mit gewinnendem Liebreiz. Niedliches, blümchenbedrucktes Kleidchen. Mit Schirm, Handtäschchen und lustigem Kränzchen im Haar macht sich das unternehmungslustige Mädchen auf den Weg in die Stadt.

Die Puppe hat einen typischen Kestner-Kugelgelenkkörper (acht Gelenke) aus Holz-Composition mit abgerundeter Gesäßpartie · vier Finger der Hand sind zusammenhängend, lediglich der Daumen ist abgespreizt.

J.D. Kestner

Ca. 1885 · Halsmarke: X · Kurbelkopf · Glasschlafaugen · fein gemalte, breite, dunkle Augenbrauen (typisch Kestner) · geschlossener Schmollmund · Speckfalte im Nacken · Echthaarperücke · 38 cm groß

Halsmarke:

14

Zur Eigenart von Kestner gehört es, daß viele seiner Puppen keine durchstochenen Ohrläppchen haben. So auch dieses etwas traurig dreinschauende Puppengeschöpf, das man einfach liebhaben muß. Das wunderschöne alte Kleid unterstützt in seiner Zartheit den Typ der Puppe, die einen 10-gliedrigen Composition-Gelenkkörper hat.

J.D. Kestner

Ca. 1885 · Halsmarke: 14 · Kurbelkopf · braune Glasschlafaugen · geschlossener, leicht schmollender Mund · keine durchstochenen Ohrläppchen · Speckfalte im Nacken · Echthaarperücke · 52 cm groß

Halsmarke:

152

Das vornehme, ja edle Kindergesicht der »152« strahlt Ruhe und zugleich Liebreiz aus. Altes Kleid in gedämpften Farben mit Spitzenbesatz und Glasperlen bestickt · dazu passender Hut · 8-gliedriger Kugelgelenkkörper aus Holz-Composition · vier miteinander verbundene Finger, der Daumen abgespreizt

J.D. Kestner

Ca. 1885 · Halsmarke: 152 · Kurbelkopf aus sehr hellem und zart getöntem Biskuit-Porzellan · Glasschlafaugen · feingestrichelte Augenbrauen · schmaler, geschlossener Mund · Original-Mohairperücke · keine durchstochenen Ohrläppchen · 52 cm groß

Halsmarke:

11

Die Kestner »11« hat ein anmutiges, rundes Kindergesicht und trägt ein niedliches, handbesticktes Wollkleid mit Cape, das mit Spitze besäumt ist. Der dazupassende Hut ist farbenfroh garniert. 8-gliedriger Kestner-Kugelgelenkkörper · Unterarm und Hand in einem Stück · vier miteinander verbundene Finger, der Daumen abgespreizt

J.D. Kestner

Ca. 1880 · Halsmarke: 11 · Kurbelkopf · Glasschlafaugen · kräftig gemalte Augenbrauen · offen-geschlossener Mund mit hellem Zwischenraum · keine durchstochenen Ohrläppchen · Speckfalte im Nacken · Original-Echthaarperücke · 42 cm groß

Halsmarke:

10

Das unten abgebildete Kestner-Püppchen ist vollständig aus Biskuit-Porzellan (all-bisc), hat die Größe von 17 cm und trägt ein blaues Seidenkleid, das der Mode um 1880 entspricht. Eine Besonderheit ist die Haltung der Arme und Hände: Während der linke Arm gestreckter ist, und die Hand eine Faust macht, ist der rechte Arm angewinkelt und die Hand geöffnet. Vier Finger der Hand sind in typischer Kestner-Manier miteinander verbunden, der Daumen ist abgespreizt. Kestner-typisch ist auch der weiße Gipskopfdeckel, mit dem die Kopföffnung verschlossen ist. Letzteres trifft auch für die rechts abgebildete Puppe zu, die außerdem keine durchstochenen Ohrläppchen hat. Der Rumpf dieser Puppe ist aus Stoff, sie hat angenähte Oberarme und Beine aus Leder, die Unterarme sind aus Biskuit-Porzellan.

Die zwei blauäugigen Geschwister sind Kestner-Puppenkinder der Generation um 1885; sie ist 40 cm, er 36 cm groß. Beide haben einen Kurbelkopf mit Glasschlafaugen und Mohairperücke.

J.D. Kestner

Ca. 1890 · Halsmarke: 15 · unschuldvoller Gesichtstyp mit Kurbelkopf aus sehr hellem Biskuit-Porzellan · Glasschlafaugen · geschlossener, schön geschwungener Schmollmund · keine durchstochenen Ohrläppchen · Echthaarperücke · Holz-Composition-Körper, acht Gelenke · 60 cm groß

Halsmarke:

13

J.D. Kestner · ca. 1890 · Halsmarke: 13 · Die frühe Kestner war seinerzeit ein Geburtstagsgeschenk und mit fünf Kleidchen ausgestattet; im Arm hält sie eine kleine S & H mit Stoffkörper · Kurbelkopf · Glasschlafaugen · geschlossener Mund · keine durchstochenen Ohrläppchen · Speckfalte im Nacken · Körper aus Holz-Composition mit acht Kugelgelenken, Unterarme und Hände in einem Stück · vier Finger miteinander verbunden, lediglich der Daumen ist abgespreizt · 48 cm groß

J.D. Kestner

Ca. 1890 · Halsmarke: keine · apartes, länglich-ovales Gesicht mit fein modellierten Zügen · Kurbelkopf · Glasschlafaugen · geschlossener Schmollmund · keine durchstochenen Ohrläppchen · Kinngrübcheen · Echthaarperücke · Holz-Composition-Körper mit zehn Gelenken · 45 cm groß

Halsmarke:

182

Diese Kestner-Puppe mit ihren gemalten Augen und harmonischen Gesichtszügen beweist die Vielfalt des Kestner-Sortiments. Der Composition-Körper dieser Puppe hat zehn Gelenke.

J.D. Kestner · ca. 1912 · Halsmarke: 182 · Eine Zeitlang galten Puppen mit gemalten Augen als besonders natürlich und waren sehr beliebt · Kurbelkopf · geschlossener Mund · keine durchstochenen Ohrläppchen · Original-Kopfdeckel aus Gips · Mohairperücke · 40 cm groß

J.D. Kestner

Ca. 1890 · Halsmarke: M. Dieses, der Welt scheinbar entrückte Puppenkind ist der Inbegriff von Anmut und Liebreiz · Schulterkopf · feststehende Glasaugen · geschlossener Mund · Kinngrübchen · keine durchstochenen Ohrläppchen · alte Mohairperücke · alter Lederkörper, Arme aus Composition · 70 cm groß

KLING

C.F. Kling & Co. · ca. 1880 · Halsmarke: keine · Schulterrundkopf · feststehende Glasaugen mit Strahleniris · geschlossener Mund · keine durchstochenen Ohrläppchen · Original-Mohairperücke · Original-Stoffkörper mit Biskuit-Porzellan-Unterarmen · alte Kleidung · 45 cm groß

Die Firma C.F. Kling & Co. war im thüringischen Ohrdruff, einem Zentrum deutscher Puppenindustrie, in den Jahren 1836–1925 tätig. Gründer des Unternehmens war Christian Friedrich Kling. Das Unternehmen blieb bis ausgehendes 19. Jahrhundert im Familienbesitz, danach wurden Lewis Ortlepp und andere die Nachfolger. In der Porzellanfabrik von Kling wurden außer Biskuit-Porzellanköpfen auch die sogenannten »Frozen Charlottes«, allbiscdolls mit beweglichen Gliedern und Badepuppen hergestellt.

Halsmarke der »Wendy«: (rechte Seite)

Bruno Schmidt

Ca. 1910 · Halsmarke: 2033 (BSW im Herz) 537 · Die berühmte und sehr seltene »Wendy« mit ihrer stark vorgewölbten Oberlippe und ihrem lieblichen Charaktergesicht hat ihre Heimat in Waltershausen/Thür. · Kurbelkopf · Glasschlafaugen · geschlossener Mund · durchstochene Ohrläppchen · Echthaarperücke · Composition-Sitzbabykörper · 38 cm groß

Halsmarke:

909
6

Die G. Simon verkörpert den Typ eines deutschen Kindes in ganz natürlicher Weise. Das bestickte weiße Original-Voilekleid mit passendem Häubchen im Stil eines Taufkleidchens ist eine wunderschöne Handarbeit.

Unten: Die halb entkleidete Puppe läßt ihren Stoffkörper erkennen · Unterarme und Beine aus Biskuit-Porzellan mit schön geformten Händen und Füßen · Unterhose mit Valenciennesspitzen garniert · alte Stoffschuhe

G. Simon, Hildburghausen/Thür.

Ca. 1867 · Halsmarke: 909.6 · sehr frühe und seltene deutsche Puppe mit Rundkopf auf Brustplatte · der Kopf dreht sich auf einem Zapfen · feststehende Glasaugen · geschlossener Mund Original-Lammfellperücke · 40 cm groß

Die 117 A von Kämmer & Reinhardt, Simon & Halbig links und die 1448 von Simon & Halbig sind Halbgeschwister von atemberaubender Schönheit.

Das Charakter-Baby »Erika« von Simon & Halbig ist mit »1489« gemarkt, entstand um 1912 und ist ebenso selten publiziert worden wie es zu erwerben ist · Kurbelkopf · Glasschlafaugen · offener Mund mit zwei Zähnchen oben, modellierte Zunge · Composition-Sitzbabykörper · 60 cm groß

Simon & Halbig

Ca. 1910 · Halsmarke: 1448 Simon & Halbig S & H · Die wohl schönste und teuerste Charakterpuppe von S & H · Kurbelkopf · Glasschlafaugen · geschlossener Mund · durchstochene Ohrläppchen · Original-Mohairperücke · Composition-Körper mit zehn Gelenken, gemarkt Heinrich Handwerck · altes Tüllkleidchen mit Spitzen · 45 cm groß

Halsmarke:

S 12 H
939

Simon & Halbig mit Sitz in Gräfenhain bei Ohrdruff/Thür. hat für sich und mehrere andere Puppenfirmen sehr qualitätsvolle Biskuit-Porzellanköpfe hergestellt und zählt neben Kestner zu den bedeutendsten deutschen Unternehmen seiner Art, das auch die Körper selbst produziert hat.
Das duftige, kurzärmelige Spitzenkleidchen der »939« (siehe unten) hat einen Stufenrock; der dazu passende Hut ist mit Blumen garniert, der Composition-Körper hat acht Gelenke, wobei die Unterarme und Hände jeweils aus einem Stück sind. Die vier Finger der Hand sind miteinander verbunden, lediglich der Daumen ist abgespreizt.

Simon & Halbig · ca. 1890 · Halsmarke: S 12 H 939 · apartes Puppenkind mit schmalem, länglichem Gesicht aus einem der besten Häuser · Kurbelkopf · mandelförmige Glasschlafaugen · geschlossener Mund · durchstochene Ohrläppchen · Kinngrübchen · Original-Echthaarperücke · 52 cm groß

Simon & Halbig

Ca. 1890 · Halsmarke: S 10 H 949 · Seltene Puppe mit ihren durchdringenden, blauen Strahleniris-Glasaugen · Man kann hier von einem gewissen Paperweight-Effekt sprechen · Kurbelkopf · geschlossener Mund · durchstochene Ohrläppchen · Kinngrübchen · Original-Echthaarperücke · Kugelgelenkkörper Holz-Composition, acht Gelenke · 41 cm groß

Halsmarke:

S 9 H
719

Die S & H 719 trägt ein altes Kleidchen mit Spitzeneinsätzen und Spitzenbesatz. Am Hals, den Ärmeln und der Taille ist es mit einer Blumengirlande garniert. 8-gliedriger Kugelgelenk-Körper aus Holz-Composition; Arme und Hände jeweils aus einem Stück.

Simon & Halbig

Ca. 1885 · Halsmarke: 719 SH · süßes, rundliches Kleinkindgesicht · Kurbelkopf · feststehende Glasaugen · geschlossener Mund · Kinngrübchen · durchstochene Ohrläppchen · Original-Mohairperücke · 38 cm groß

Halsmarke:

1279 S & H
DEP

Simon & Halbig · ca. 1915 · Halsmarke: 1279 S & H DEP Germany 10 · Charakterpuppe mit ganz reizendem Kindergesicht · Kurbelkopf · Glasschlafaugen · offener Mund, zwei Zähnchen oben · durchstochene Ohrläppchen · Mohairperücke · altes handbesticktes Kleid · Composition-Körper mit zehn Gelenken · 50 cm groß

Simon & Halbig

Ca. 1885 · Halsmarke: keine · die Puppe ist Simon & Halbig zuzuordnen, da spätere Puppen mit gleichem Kopf mit 719 gemarkt wurden · Schulterrundkopf · Glasaugen mit Strahleniris, leichter Paperweight-Effekt · geschlossener Mund · durchstochene Ohrläppchen · großes Kinngrübchen · Echthaarperücke · Lederkörper · 38 cm groß

Halsmarke:

DEP 12

Die DEP Simon & Halbig in ihrem Sonntagsstaat, dem aufwendig gearbeiteten Originalkleid aus Baumwollvoile mit vielen Spitzeneinsätzen und blauem Taftbanddurchzug · dazu passendes Häubchen · Composition-Körper mit zehn Gelenken

Simon & Halbig

Ca. 1895 · Halsmarke: DEP 12 · ausdrucksstarke Puppe in ihrem Originalzustand · Kurbelkopf · feststehende Glasaugen · geschlossener Mund · Kinngrübchen · Echthaarperücke · 58 cm groß

HERSTELLER UNBEKANNT

Hersteller unbekannt · ca. 1880 · Halsmarke: keine · Schulterrundkopf · blaue, feststehende Glasaugen mit Strahleniris und leichtem Paperweight-Effekt · geschlossener Mund · keine durchstochenen Ohrläppchen · Original-Mohairperücke · Lederkörper mit Unterarmen und Händen aus Biskuit-Porzellan · alte Wollkleidung mit Pelzbesatz · Filethandschuhe, welche die Finger zur Hälfte freilassen · 43 cm groß

Vermutlich Simon & Halbig

Ca. 1880 · Halsmarke: keine · verträumt liebliches Mädchengesicht · Schulterrundkopf nach rechts geneigt · Glasaugen mit Strahleniris (leichter Paperweight-Effekt) · geschlossener Mund · durchstochene Ohrläppchen · Mohairperücke · Stoffkörper, Unterarme aus Biskuit-Porzellan · 38 cm groß

Kinder mit ihren Puppenstars

Auf Sammelbildchen von Schokoladenfabriken und anderen Firmen wurden ganz entzückende Szenen von Puppenmüttern und ihren Kindern dargestellt. Für Puppenenthusiasten unserer Tage lohnt es sich, diese Bilder zusammenzutragen.

Babyjunge mit Ganzbiskuitkörper, vermutlich von Kley & Hahn, Kurbelkopf, leicht modellierten und gemalten Haaren, offen-geschlossenem Mund, gemalte Augen, Sitzbabykörper, auffallend modellierte Brüstchen, 26 cm groß.

Puppen mit Charakter: Charakterpuppen

Kämmer & Reinhardt

gemarkt: K & R (Stern) 101,49 · Biskuitporzellankopf · Echthaarperücke · gemalte Augen · geschlossener Mund · 10gliedriger Holz-Composition-Körper · 49 cm groß

Kämmer & Reinhardt

gemarkt: K & R und Schildkröt-Markenzeichen, 701,47 · Zelluloidversion der 101, ca. 1910 hergestellt von Schildkröt für K & R · Jungenperücke · Modulation, Ausdruckskraft und Bemalung sind den Versionen aus Biskuitporzellan ebenbürtig · 42 cm groß

Kämmer & Reinhardt

gemarkt: K & R (Stern) 112,43 · Biskuitporzellankopf · Echthaarperücke · braune Glasaugen (Glasaugenversion der 112!) · offen-geschlossener Mund mit 2 Zähnchen oben · 4gliedriger Holz-Composition-Sitzbabykörper · 34 cm (zu klein) · seltene Puppe

Kämmer & Reinhardt

gemarkt: K & R (Stern) 112,19 · Biskuitporzellankopf · gemalte Haare und Augen · geschlossener Mund · 4gliedriger Compositionkörper mit modellierten und gemalten Strümpfen und Schuhen · 18 cm groß · selten

Kämmer & Reinhardt

gemarkt: K & R (Stern) 114,4 · Biskuitporzellankopf, Jungen-Echthaarperücke · Glas-Schlafaugen (selten!) · geschlossener Mund · 10gliedriger Holz-Composition-Körper · 68 cm groß (selten) · rechts 114 mit Glasaugen und 30 cm Größe, links 114 mit gemalten Augen · 34 cm groß · ca. 1910

Kämmer & Reinhardt

Mädchenporträt der 114 von K & R

5 Googlys

von links: S & W (Strobel & Wilken), Germany, 17 cm · Demalcol (Heubach Köppelsdorf) 5/o Germany, hellblonde Mohairperücke, 22 cm · ungemarkt, französischer Hersteller, große Augen, 19 cm · Heubach 3/o, hellblonde Mohairperücke, 20 cm · gemarkt 189, 2/o, 15 cm

3 Googlys von Armand Marseille

von links nach rechts: gemarkt Germany 323 A.o.M., 30 cm groß · Germany 323 A.11/o.M., 18 cm groß · Germany 323 A.5/o.M., 25 cm groß · Alle drei Kurbelkopf aus Biskuitporzellan, Körper aus Mischmasse, teils gemalte Strümpfe und Schuhe

Kämmer & Reinhardt

gemarkt: K & R (Stern) 114,49 · besonders schönes Pärchen der 114 mit Biskuitporzellankopf, gemalten Augen und geschlossenem Mund · Das Mädchen mit Mohairperücke, der Junge mit Echthaarperücke · 52 und 54 cm groß

Kämmer & Reinhardt

Halbprofilaufnahme der 114 · gemarkt wie auf der gegenüberliegenden Seite beschrieben · altes Spitzenkleid, der Junge gegenüber im nachgeschneiderten Matrosenanzug · 10gliedriger Holz-Composition-Körper

Kämmer & Reinhardt

Pärchen, gemarkt: K & R (Stern) 115A, S & H · der Junge 34 cm in Originalkleidung, das Mädchen 30 cm in altem Kleid · Glasschlafaugen · Echthaarperücke

Kämmer & Reinhardt

Viermal die 115A in einer interessanten Gegenüberstellung. Das pausbäckige Gesichtchen macht dieses Püppchen liebenswert: drei mit 10gliedrigem Composition-Gelenkkörper, das vierte mit Sitzbabykörper

Kämmer & Reinhardt

gemarkt: K & R (Stern) 116A, 30, S & H · ca. 1910 · Echthaar-Mädchenperücke · offen-geschlossener Mund mit zwei gemalten Zähnchen · Babykörper · 28 cm groß

Kämmer & Reinhardt

116A mit offenem Mund und dahintergeklebter roter Pappe · Echthaar-Jungenperücke · Toddler-Körper · 32 cm groß. In dieser Aufnahme kommt das lächelnde freundliche Gesichtchen besonders gut zum Ausdruck

Kämmer & Reinhardt

gemarkt: K & R (Stern), Simon & Halbig, 117A, 55 · graue Glasschlafaugen, Mohairperücke, 10gliedriger Holz-Composition-Körper · 58 cm groß · eine der schönsten und begehrtesten Charakterpuppen

Kämmer & Reinhardt

gemarkt: K & R (Stern), 117n, Simon & Halbig. Der Vergleich zeigt, daß sich die 117n nicht nur durch den offenen Mund von der 117 + 117A unterscheidet, auch die Augenpartie ist völlig anders modelliert.

vermutl. Simon & Halbig für Bähr & Pröschild

Halsmarke und andere Daten wie gegenüber, jedoch Jungenperücke und 34 cm groß · beide in Originalkleidung · seltene Exponate · ausgefallene Gesichtsmodellierung

vermutl. Simon & Halbig für Bähr & Pröschild

gemarkt: S & Co BP, 3 · grüner Stempel «geschützt» · Kurbelkopf aus Biskuitporzellan · Mädchen-Echthaarperücke · gemalte Augen · offen-geschlossener Mund · schelmisches Lachen · Holz-Composition-Gelenkkörper · 31 cm groß

Gebr. Heubach

gemarkt: Germany, 7 · Heubach-Marke 7075 · Kurbelkopf aus Biskuitporzellan · Echthaarperücke · gefiederte Augenbrauen · kleine schmale Glasaugen · offen-geschlossener Mund · Holz-Composition-Gelenkkörper · 47 cm groß

Gebr. Heubach

gemarkt: 6969 · Kurbelkopf aus Biskuitporzellan · trauriger Gesichtsausdruck mit Schmollmund (pouty) · Echthaarperücke · Glasaugen · markant gemalte Augenbrauen und Wimpern · geschlossener Mund · Holz-Composition-Gelenkkörper · 50 cm groß

Gebr. Heubach

gemarkt: Heubach-Marke, 7622 · Kurbelkopf · gemalte Intaglio-Augen · modellierte Haare · geschlossener Mund · Holz-Composition-Gelenkkörper, 47 cm groß (selten)

Gebr. Heubach

Halbprofilporträt der auf der gegenüberliegenden Seite beschriebenen Puppe: auffallend der stark geschwungene Mund, der an einige Charakterpuppen von Kämmer & Reinhardt erinnert; außergewöhnlich stark modellierte lockige Haare.

Moritat ohne Worte

Gebr. Krauss

gemarkt: 39, 17 · Kurbelkopf aus Biskuitporzellan · Mohairperücke · feststehende Glasaugen · geschlossener Mund · Originaluniform und Accessoires · 4gliedriger Mischmasse-Körper · anmodellierte Stiefelchen · 22 cm groß

Eine Geschichte in sechs Bildern

vermutlich Heubach

gemarkt: Germany 50, 9/0 · Kurbelkopf aus Biskuitporzellan · modellierte Haare · blau gemalte Intaglio-Augen · geschlossener Mund · 8gliedriger Holz-Composition-Körper · anmodellierte Stiefelchen · Original-Uniform · 26 cm groß

Revalo

Diese Aufnahme unterstreicht die ungewöhnlich ausgeprägt modellierte Frisur dieser beiden Revalo-Zwillinge, deren alte Kleidung genau auf die ebenfalls modellierten Kopfbänder abgestimmt ist.

Revalo

gemarkt: Revalo, 4, Dep. · Hersteller Heubach · Kurbelkopf aus Biskuitporzellan · lächelndes Gesicht · gemalte Augen · 10gliedriger Holz-Composition-Körper · 30 cm groß

Hertel, Schwab & Co.

gemarkt: 149 · Kurbelkopf · zart getöntes Biskuitporzellan · Mohairperücke · schmal geschnittene Glasschlafaugen · geschlossener Mund · gut modellierte, leicht abstehende Ohren · Toddler-Körper · Originalkleidung · 50 cm groß

Hertel, Schwab & Co.

Das Porträt der auf der gegenüberliegenden Seite beschriebenen Charakterpuppe macht die schöne Bemalung der Augenbrauen und den herzförmig mit Konturlinien gemalten Mund noch besser sichtbar · Mohairperücke

Bähr & Pröschild

gemarkt: 536, 8 · Kurbelkopf aus Biskuitporzellan · Echthaarperücke · braune Intaglio-Augen · Bäckchen mit Grübchen · lächelndes Gesicht · geschlossener Mund · Holz-Composition-Gelenkkörper · 55 cm groß

Hersteller unbekannt

gemarkt: 163/1 · Kurbelkopf aus Biskuitporzellan · modellierte Haare, hier mit Echthaarperücke · gemalte Augen · geschlossener Mund · 8gliedriger Massekörper (Kestner-Körper) mit feststehenden Handgelenken · Originalkleidung · 36 cm groß

Kestner

gemarkt: 6 1/2 made in Germany, 1 1/2, 185 · Kurbelkopf aus Biskuitporzellan · Mohairperücke · braune Glasschlafaugen · lächelndes Gesicht · offen-geschlossener Mund mit vier Zähnchen · 10gliedriger Holz-Composition-Körper · gemarkt: Germany 18/4 · 43 cm groß

Kestner

gemarkt: made in Germany 14 1/2, 128 · Kurbelkopf aus feinem, leicht getönten Biskuitporzellan · Echthaarperücke · große Glasschlafaugen mit grauer Strahleniris · herzförmig gemalter geschlossener Mund · 8gliedriger Holz-Composition-Körper · 61 cm groß

Armand Marseille

gemarkt: 231, Fany, D.R.M.R. 2481/1, A.3.M. · Kurbelkopf aus Biskuitporzellan · Echthaarperücke · blaue Glasschlafaugen · geschlossener Mund · Toddlerkörper von S & H mit feststehenden Handgelenken · 43 cm groß

Armand Marseille

gemarkt: Made in Germany, Armand Marseille, 560a, A.2.M., D.R.M., R 232 · Kurbelkopf aus Biskuitporzellan · Echthaarperücke · Glasschlafaugen · offener Mund · freundliches, pausbäckiges Charakterkind, genannt Dorothy · 10gliedriger Holz-Composition-Körper · 40 cm groß

Armand Marseille

gemarkt: Germany, 550 A.I.M. D.R.G.M. · Kurbelkopf aus Biskuitporzellan · Mohairperücke · feststehende braune Glasaugen · geschlossener Mund · verschmitzter Gesichtsausdruck · 10gliedriger Holz-Composition-Körper · 31 cm groß

Simon & Halbig

gemarkt: 151 S & H, 310 · Kurbelkopf aus Biskuitporzellan · Originalperücke aus Mohair mit Markenaufkleber von K & R · gemalte Augen · offen-geschlossener Mund mit sichtbarer Zungenspitze · eigenwillige Mundpartie · 10gliedriger Massekörper · 26 cm groß · selten

Wessen Kind ist Freddy?

Freddy ist berühmt, aber illegitim. Kein Firmenzeichen klärt die Herkunft dieser Puppe auf, obwohl es sicher nicht an der Qualität der Puppe gelegen haben kann, daß «Freddy» ohne Familiennamen auf der Halsmarke seinen Weg machen mußte. Freddy ist so intensiv modelliert wie kaum eine andere Puppe, sein Gesicht ist eine Mischung zwischen keß und lieb-lustig, der Mund ist mit so einem fröhlichen Schwung geöffnet (offen-geschlossen), daß man fast meint, man könnte ein glucksendes Lachen hören. Keine andere Puppe verfügt über eine so starke «Hügellandschaft» um die Augen. Freddy ist eben dadurch der Beweis dafür, daß extreme Modellierung der Augenpartien kein Grund war, nicht Schlafaugen einzusetzen.

Freddys kleine Äugelchen *können* schlafen – allerdings schaut er so munter, daß man bezweifelt, daß sie *wollen*.

Er ist ein lustiger kleiner Junge, der lieb sein kann, aber den auch oft «der Hafer juckt».

Nach unserer Überzeugung stammt Freddy aus dem Hause Simon & Halbig. Mildred Seeley behauptet, er sei ein Sproß von Edmund Ulrich Steiner, geboren etwa 1907 (Baby Dolls Volume II, S. 43).

Diese Ansicht läßt sich nicht belegen. Die Modellierung von Freddy ist deutlich der stark ausgeprägten Charakterlinie, die erst mit dem Kaiserbaby 1909 ihren Anfang nahm, zuzuordnen; die Bemalung ist absolut identisch mit der Bemalung der Kämmer & Reinhardt-Charakterserie, die mit Glasaugen nachproduziert wurde. Trotzdem ist aber die Behauptung, er gehöre zur Kämmer & Reinhardt-Serie (in: A Very Special Portrait of Dolls, 3. Band, Carroll Jakobsen, Seite 110) nicht zu halten. Freddy paßt in der Numerierung (1428) in die Reihe der von Simon & Halbig gefertigten 1400er-Serie und auch die Schreibweise der Zahl entspricht der anderer Simon & Halbig-Puppen. Jan Foulke ordnet in ihren Büchern «Dolls and Values» den Knaben ohne jede zweifelnde Einschränkung dem Elternhaus Simon & Halbig zu (Seite 311, 4. Band).

Ungewöhnlich ist, daß das Firmenzeichen nicht auf der Puppe ist. Möglicherweise ist sie für den amerikanischen Markt im Auftrag einer amerikanischen Firma produziert worden, was auch erklären würde, daß die seltene Puppe fast nur in Amerika gefunden wurde.

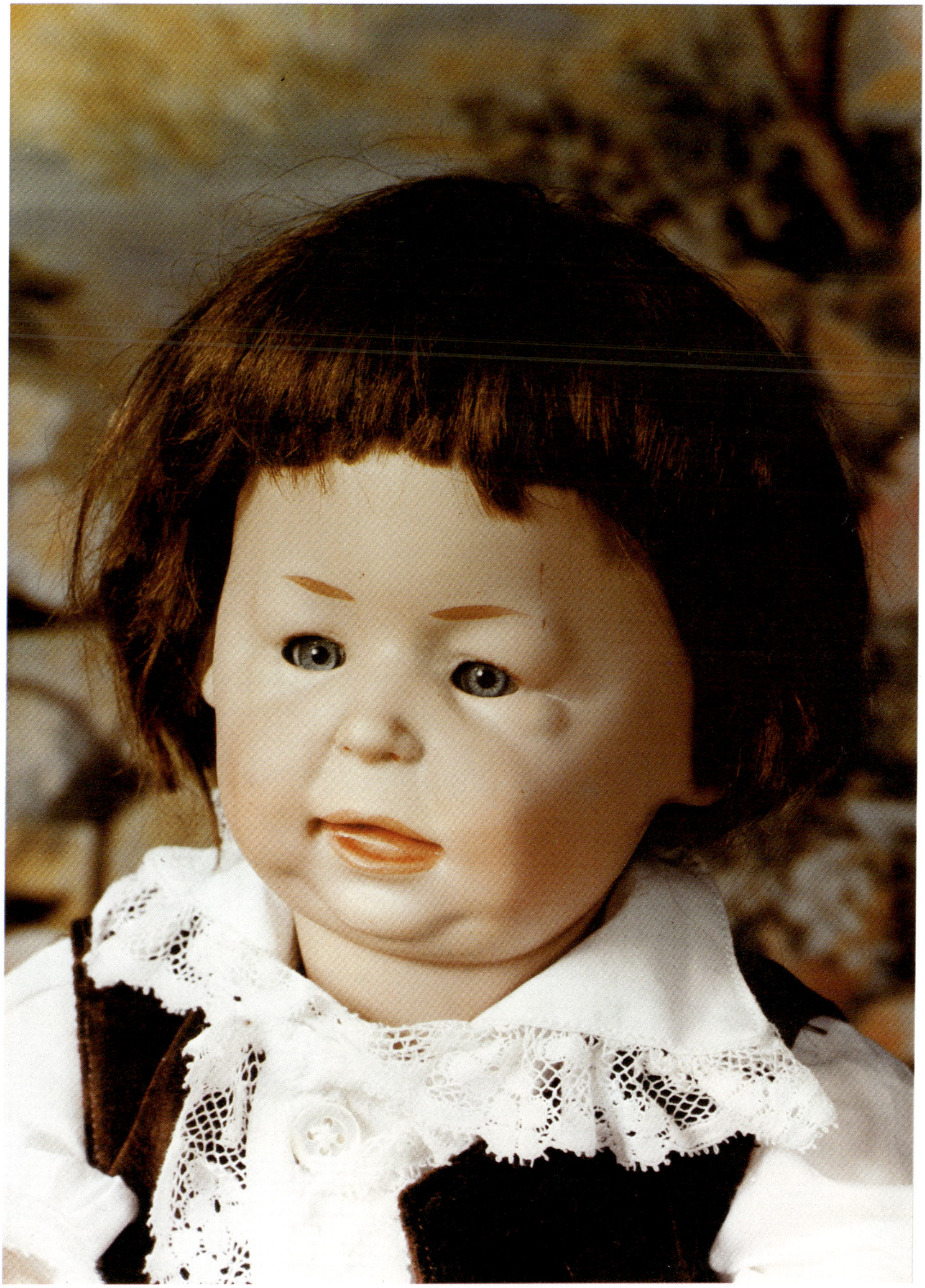

Simon & Halbig

gemarkt: 1428 6, genannt Freddy · Kurbelkopf aus Biskuitporzellan · kleine Glasschlafäugelchen · unvergleichliche Modellierung von Augen, Bäckchen und Kinn · offen-geschlossener Mund · lächelnd · 4gliedriger Sitzbabykörper · rechte Hand geschlossen · rechter Zeh hochgestellt · 33 cm

Simon & Halbig

gemarkt: S & H I · ca. 1910 · Kurbelkopf aus Biskuitporzellan · Echthaarperücke · Glasschlafaugen · geschlossener, ausgeprägt modellierter Mund · weiche Gesichtszüge · melancholisch · 8gliedriger Holz-Composition-Körper · 35 cm groß

Simon & Halbig

gemarkt: 1448 S & H · ca. 1905 · Kurbelkopf aus Biskuitporzellan · Original-Mohairperücke · braune Glasschlafaugen mit Strahleniris · geschlossener Mund · Holz-Composition-Gelenkkörper · Originalkleidung · 50 cm · eine der schönsten deutschen Charakterpuppen · äußerst selten

Heubach

gemarkt: Germany · Brustblattkopf aus Biskuitporzellan · leicht modellierte und gemalte Haare · Intaglio-Augen · offen-geschlossener Mund mit zwei Haifischzähnchen (!) unten · Lederkörper · Arme und Hände aus Holz-Composition · 38 cm groß

Charakterbabys

oben links und rechts: Franz Schmidt & Co. · 29 cm groß · unten links: A.M. 530, 3 · unten rechts: weinendes Heubach-Baby, 7634 · offen-geschlossener Mund · sehr ausgeprägt modelliert · Heubach-Halsmarke · 22 cm groß

Kestner

gemarkt: cop. by Grace S. Putnam, Made in Germany · sog. Bye-lo-Baby · von Kestner für den amerikanischen Markt hergestellt · Einbindekopf aus Biskuitporzellan · modellierte Haare · Glasschlafaugen · geschlossener Mund mit großen Schwüngen breit gemalt

Kestner

Das Bye-lo-Baby hat einen Stoffkörper, bei dem die Hände aus Zelluloid sind. Die hier vorgestellte Puppe in neuwertiger Erhaltung ist 43 cm groß. Original-Babykleidchen und -häubchen.

vermutlich Hertel, Schwab & Co.

gemarkt: 142/4 · Körper ebenfalls gemarkt Nr. 142 · Kurbelkopf aus Biskuitporzellan · leicht modellierte Haare · gemalte Augen · hochgezogene Augenbrauen · Doppelkinn · Lederkörper · Arme und Beine aus Masse · 31 cm groß

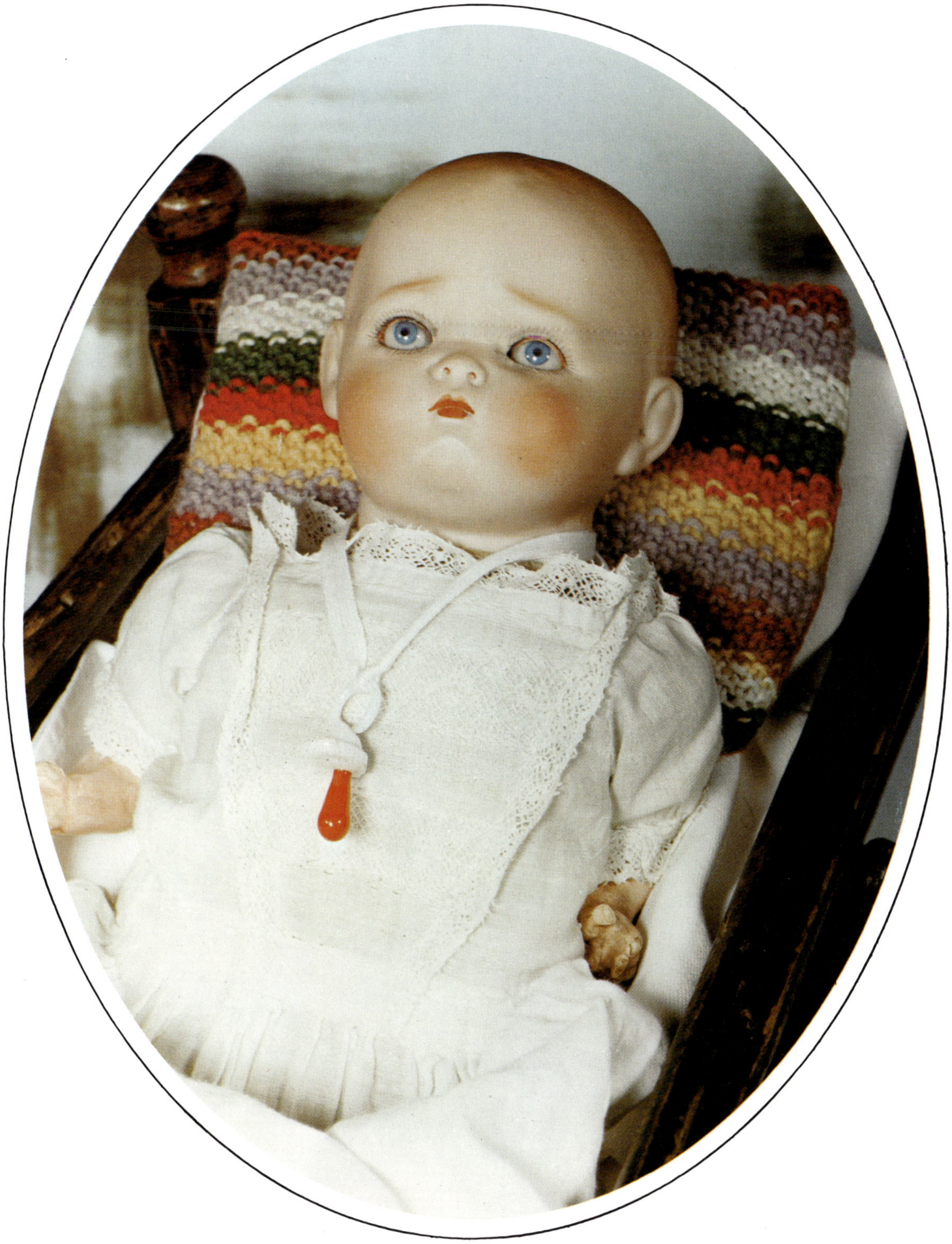

Kestner

gemarkt: CENTURY Doll C., Kestner, Germany · Kurbelkopf aus Biskuitporzellan · leicht modellierte Haare · Glasaugen · geschlossener Mund · 4gliedriger Sitzbabykörper · Arme und Beine aus Mischmasse · Baby-Stimmbox · 26 cm groß

Armand Marseille

gemarkt: A.M. Germany, 34210 · sog. weinendes Dreambaby · Einbindekopf aus Biskuitporzellan · modellierter Haaransatz an der Stirn · Glasschlafaugen · offen-geschlossener Mund · Stoffkörper · Unterarme und Beine Mischmasse · 28 cm groß

Armand Marseille

gemarkt: A.M. Germany, 341/3 · sog. Dreambaby · Einbindekopf aus Biskuitporzellan · geschlossener Mund, der dezent und schön gemalt ist · Glasschlafaugen · Stoffkörper · Hände Zelluloid · altes Taufkleidchen · 32 cm groß

Limbach

Limbach-Zwillinge mit stark modellierten Haaren, gemalten Augen und geschlossenem Mund · links eine all-bisc-Version · rechts mit Kurbelkopf und 4gliedrigem Sitzbabykörper aus Mischmasse · je 15 cm groß

Gebr. Heubach

Junge gemarkt: O, 6914, Germany · Kurbelkopf aus Biskuitporzellan · modellierte Haare und Intaglio-Augen · 22 cm groß · Mädchen gemarkt: 7977 · Heubach-Marke · 40 EP · Germany · sog. Baby Stuart · Kurbelkopf mit anmodelliertem Häubchen · Bonnet-Doll · Intaglio-Augen · 20 cm groß

Kestner

gemarkt: JDK 211 · ca. 1911 · Kurbelkopf aus Biskuitporzellan · Mädchen-Echthaarperücke · Glasschlafaugen · offen-geschlossener Mund mit angedeuteter Zunge · ein wenig lächelnd · 4gliedriger Sitzbabykörper aus Mischmasse · 34 cm groß

Kestner

gemarkt: JDK 211 · ca. 1911 · wie gegenüberliegend beschrieben, jedoch mit Lammfellperücke · Glasschlafaugen · über den Augenlidern wülstig modelliert · stark geschwungene Augenbrauen · intensiv gemalte Wimpern · 4gliedriger Sitzbabykörper aus Mischmasse · 34 cm groß

Gebr. Heubach

gemarkt: 5 Heubachzeichen, 76, 69, Germany · Kurbelkopf aus Biskuitporzellan · Mohairperücke · Glasschlafaugen · offen-geschlossener Mund · schelmisch lächelnd · 4gliedriger Sitzbabykörper aus Mischmasse · 34 cm groß

Ernst Heubach

gemarkt: Germany, EH 291, D.R.G.M. · Kurbelkopf aus Biskuitporzellan · rotblonde Echthaarperücke · feststehende Glasaugen mit Strahleniris · geschlossener Mund mit unterzogener Unterlippe · 4gliedriger Mischmassekörper · 18 cm groß

vermutlich Bruno Schmidt

gemarkt: IV 154/6, genannt Tommy Tucker · Kurbelkopf aus Biskuitporzellan · modellierte und gemalte Haare · Glasschlafaugen · geschlossener Mund · stehendes Baby mit beweglichen Händen · Mischmassekörper · 40 cm groß

Bähr & Pröschild

gemarkt: Germany, B & P 0 619-4 · Kurbelkopf aus Biskuitporzellan · Haare modelliert und gemalt, als wären sie frisch gekämmt · Glasaugen · offener Mund · 4gliedriger Steh-Sitzbabykörper aus Mischmasse · alter Trachtenanzug · 35 cm groß

Kestner

gemarkt: Made in Germany, 10, 247, JDK · Hilda-Typ · Kurbelkopf aus Biskuitporzellan · Echthaarperücke · graublaue Glasschlafaugen · offener Mund · 10gliedriger Holz-Composition-Körper · 38,5 cm groß

Kestner · Armand Marseille

Beide Puppen Hilda-Typen, Köpfe aus Biskuitporzellan, 10gliedrige Holz-Composition-Körper · Linke Puppe: gemarkt H 12, Made in Germany, 247 JDK, Mohairperücke, 47 cm groß · Rechte Puppe: gemarkt Germany 971 A. 5. M. D.R.G.M. 267/I, Edelhaarperücke, 45 cm groß

Kestner

gemarkt: JDK 239 · ca. 1915 · Kurbelkopf aus Biskuitporzellan · Echthaarperücke · braune Glasschlafaugen · offen-geschlossener Mund mit vier Zähnchen · Doppelkinn · Holz-Composition-Gelenkkörper · 40 cm groß

Bähr & Pröschild

gemarkt: B & P, O · ca. 1915 · Kurbelkopf aus Biskuitporzellan · Echthaarperücke · graublaue Glasschlafaugen · offen-geschlossener Mund mit angedeuteter Zunge · Gesichtsausdruck eines sehr braven Kindes · Holz-Composition-Gelenkkörper · 34 cm groß

Kämmer & Reinhardt

schwarzes «Kaiser»-Baby · Pappmachékopf · sog. Einbindekopf · modellierte und gemalte Haare · gemalte Augen · offen-geschlossener Mund · Stoffkörper · 30 cm groß · Rechts im Bild wie schwarzes «Kaiser»-Baby, jedoch Reproduktion, 24 cm groß

Reproduktionen und Neuzeitpuppen

Oben links: Julchen · 60 cm · 1980 kunstvoll modelliert von Friedl Groebl · Biskuitporzellankopf · liebenswerte Grübchen und Sommersprossen · Oben rechts: Puppenjunge von Brigitte Deval · Porzellankopf mit Wachsüberzug · Unten links Tille-Puppe aus Fichtenholzmasse von Frau Tillmann; rechts sehr gute Reproduktion der 101 von Kämmer & Reinhardt.

Orientalen, Asiaten, Negerpuppen

Orientalenbaby · gemarkt: 1 Germany · Kurbelkopf aus Biskuitporzellan · Körper aus Mischmasse · 30 cm groß

Motschmann-Typ

ungemarkt – ca. 1860 · Drehkopf aus eingefärbter Masse · feststehende Glasaugen · modellierte Haare · typischer Motschmann-Körper aus Holz und Stoff · 42 cm groß

Kämmer & Reinhardt

gemarkt: K & R (Stern) 101, 23 · braune Version der beliebten Marie aus der Charakterserie von K & R · Kurbelkopf aus Biskuitporzellan · Composition-Körper · 23 cm groß

Kämmer & Reinhardt

gemarkt: K & R (Stern) 101 · braune Version der Marie als Mexikanerjunge · Kurbelkopf aus Biskuitporzellan · gemalte Augen · geschlossener Mund · Composition-Körper · 30 cm groß

Simon & Halbig

gemarkt: Germany, S & H 24 · Kurbelkopf aus Biskuitporzellan · 10gliedriger Körper aus Holz-Composition · 24 cm groß

Simon & Halbig

gemarkt: S 12 H 739 D. E. P. Germany · Negermädchen · ca. 1920 · Kurbelkopf aus Biskuitporzellan · Lammfellperücke · Glasschlafaugen · 10gliedriger Massekörper · 52 cm groß

vermutlich A. Schmidt

gemarkt: A.S. 3/0 · Negermädchen · ca. 1915 · Kurbelkopf aus Biskuitporzellan · Echthaarperücke · feststehende braune Glasaugen · 8gliedriger Massekörper · 30 cm groß

Hersteller unbekannt

gemarkt: 1902, 12/0 · Negermädchen · ca. 1922 · Kurbelkopf aus Biskuitporzellan · Echthaarperücke · feststehende Glasaugen · 6gliedriger Massekörper · 29 cm groß

Koenig & Wernicke

gemarkt: 98/4 made in Germany · freundlich lächelndes Negermädchen · ca. 1910 · Kurbelkopf aus Biskuitporzellan · Glasschlafaugen · Echthaarperücke · 10gliedriger Körper aus Holz-Composition · Im Körbchen Negerbaby S 3/0 · 18 cm groß

Armand Marseille

gemarkt (stehende Puppe): 1894 A.M. 6/0 D.E.P. Germany · Negermädchen · Kurbelkopf aus Biskuitporzellan mit Echthaarperücke · feststehende Glasaugen · 8gliedriger Körper aus Holz-Composition · 27 cm groß

vermutlich Kestner

gemarkt: 10 Germany F. · Negerin · ca. 1900 · Kurbelkopf aus Biskuitporzellan · Echthaarperücke · Glasschlafaugen · Gelenkkörper aus Holz-Composition · 46 cm groß

französischer Hersteller

gemarkt: A5–6, Paris · Beduinin · ca. 1885 · Kurbelkopf aus Biskuitporzellan · Echthaarperücke · feststehende Glasaugen · Gelenkkörper aus Hölz-Composition · Originalkleidung · 32 cm groß

Hersteller unbekannt

gemarkt: Häkchen 11/0 · Beduinin · ca. 1905 · Kurbelkopf aus Biskuitporzellan · Echthaarperücke · feststehende Glasaugen · 4gliedriger Massekörper · Kleidung und Schmuck original · 26 cm groß

Heubach Köppelsdorf

gemarkt: Heubach Köppelsdorf 3440, Germany, 45 · Negermädchen · ca. 1910 · Kurbelkopf aus Biskuitporzellan · Echthaarperücke · Glasschlafaugen · Körper aus Holz-Composition · 45 cm groß

Armand Marseille

gemarkt: made in Germany, Armand Marseille 390 D.R.G.M. 240/I A.4/0M. · Negerjunge · ca. 1905, Kurbelkopf aus Biskuitporzellan · schwarz lackiertes Gesicht · Glasschlafaugen · Originalkleidung

Simon & Halbig

gemarkt: S & H 1039 · Negerkind mit indischem Einschlag · ca. 1908 · Kurbelkopf aus Biskuitporzellan · große Glasschlafaugen · 10gliedriger Körper aus Holz-Composition · 42 cm groß

Simon & Halbig

gemarkt: S & H 1358 · Negerkind · betont negroider Mund · ca. 1900 ·
Kurbelkopf aus Biskuitporzellan · Echthaarperücke · Glasschlafaugen ·
10gliedriger Körper aus Holz-Composition · 45 cm groß

Simon & Halbig

gemarkt: S & H 1079 · Mulattin · ca. 1910 · Kurbelkopf aus Biskuitporzellan · Echthaarperücke · feststehende Glasaugen · vier Zähnchen oben · 10gliedriger Massekörper (Chauvière) · 36 cm groß

Koenig & Wernicke

gemarkt: K & W 621/46 (große Puppe 46 cm) · S (kleine Puppe 30 cm) ·
. . . . . & Co (Negerjunge 33 cm) · alle drei Kurbelkopf aus Pappmaché ·
Glasaugen · 4gliedriger Massekörper

Nippes

ungemarkt · Biskuit-Nippespüppchen · ca. 1920 · Echthaarperücke · gemalte Augen · 10 cm groß

vermutlich Schildkröt

ungemarkt · Kurbelkopf aus Zelluloid · Echthaarperücke · Glasschlafaugen · geschlossener Mund · 4gliedriger Massekörper

A. Reich für Nehren & Kiko

gemarkt: Germany NK 2 A 6 R · Negerbaby · ca. 1920 · Kurbelkopf aus Biskuitporzellan · Glasschlafaugen · 4gliedriger Sitzbabykörper aus Masse · 50 cm groß

Kämmer & Reinhardt

ungemarkt · sogenanntes Kaiser-Baby · ca. 1911 · braun gefärbter Massekörper · gemalte Augen · offen-geschlossener Mund · Stoff-Babykörper · 30 cm groß

Heubach Köppelsdorf

gemarkt: Heubach Köppelsdorf D.R.G.M. Germany · ca. 1910 · große Version 30 cm, 399/7/0 · kleine Version 22 cm, 399/14/0 · Negerbaby · genannt Sambo · mit betont negroidem Mund und Gesichtsausdruck

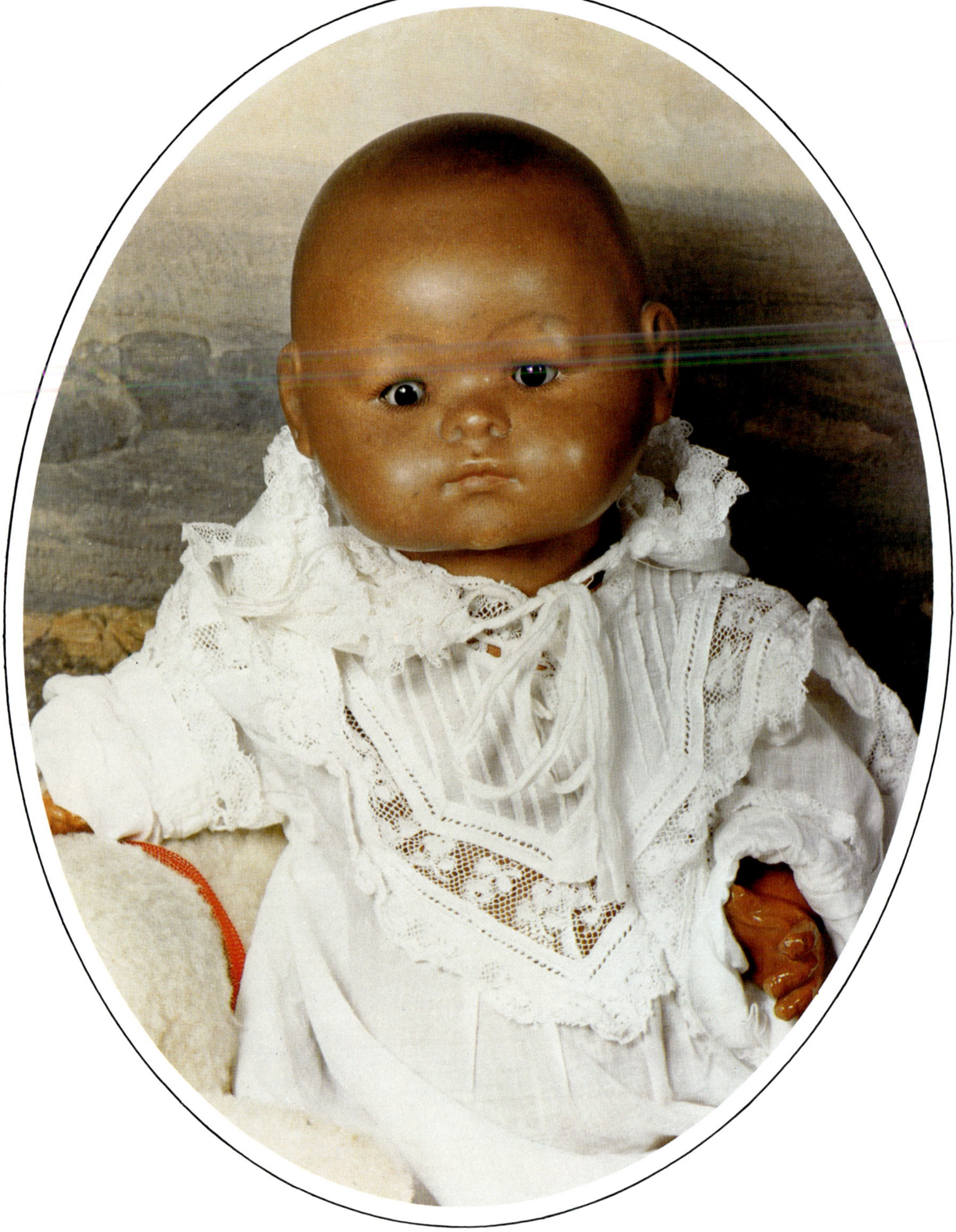

Recknagel

gemarkt: GERMANY 3 1/2 R 127A · Negerbaby · ca. 1918 · Kurbelkopf aus Biskuitporzellan, braune Glasschlafaugen · geschlossener Mund · 4gliedriger Sitzbaby-Massekörper · 39 cm groß

Armand Marseille

gemarkt: A.M. Germany, 341/3 · My-Dream-Baby · ca. 1923 · Einbindekopf aus Biskuitporzellan · Glasschlafaugen · Stoff-Babykörper · Pappmachéhände · Mamastimme · 30 cm groß

Armand Marseille

gemarkt: A.M. Germany, 341 · My-Dream-Babys · ca. 1920 · mit Kurbelkopf aus Biskuitporzellan · 4gliedriger Massekörper · Größe 40 und 24 cm

Armand Marseille

gemarkt: A.M. Germany, 341/3 · My-Dream-Baby · ca. 1923 · Einbindekopf aus Biskuitporzellan · Glasschlafaugen · Stoff-Babykörper · Pappmachéhände · Mamastimme · 30 cm groß

Armand Marseille

gemarkt: A.M. Germany, 341 · My-Dream-Babys · ca. 1920 · mit Kurbelkopf aus Biskuitporzellan · 4gliedriger Massekörper · Größe 40 und 24 cm

vermutlich Kestner

gemarkt: 2 Germany · Orientalenbaby · ca. 1900 · Einbindekopf aus Biskuitporzellan · braune Glasschlafaugen · Stoffkörper mit weißem Nesselüberzug · Arme und Beine aus gelbem Filzstoff · 32 cm groß

vermutlich Kestner

gemarkt: 4 Germany · besonders großes Orientalenbaby · ca. 1910 · Kurbelkopf aus Biskuitporzellan · Glasschlafaugen · geschlossener Mund · 4gliedriger Sitzbabykörper aus Masse · 43 cm groß

vermutlich Kestner

gemarkt: 5/0 Germany · Orientalenbaby · ca. 1910 · Kurbelkopf aus Biskuitporzellan · Glasschlafaugen · geschlossener Mund · Stehbabykörper aus Masse · 21 cm groß

Kestner

Zwei Orientalen gleicher Herkunft · ca. 1920 · in unterschiedlicher, sehr aufwendiger Originalkleidung · Glasschlafaugen · 4gliedriger Sitzbabykörper aus Masse · gestempelt «Made in Germany»

Kestner

gemarkt: F., made in Germany, 10, 243, J.D.K. · Kurbelkopf aus Biskuitporzellan · Echthaarperücke mit Zopf · offen-geschlossener Mund mit zwei Zähnchen oben und beweglicher Zunge · 35 cm groß

Orientalin von Simon & Halbig · exquisiter Originalzustand · äußerst selten · ca. 1918